マンガで読み解く

# そして日本国憲法は作られた

作・やまさき拓味 Hiromi Yamasaki
画・早川恵子 Keiko Hayakawa
作画スタッフ／バディプロダクション
トマス中田　井内貴之

創元社

マンガで読み解く

# そして日本国憲法は作られた

## ―目次―

はじめに 004
まんがちゃんの「そうなんだ！」❶『そもそも憲法って何？』 005
日本国憲法制定に関する年表 006
プロローグ まんがちゃんの修学旅行 007
第1話 日本の運命を握る男 012
まんがちゃんの「そうなんだ！」❷『ポイントはポツダム宣言とマッカーサー』 024
第2話 天皇陛下とマッカーサー 026
まんがちゃんの「そうなんだ！」❸『キーパーソンは天皇とマッカーサー』 040
第3話 憲法改正に触れる 042
まんがちゃんの「そうなんだ！」❹『大日本帝国憲法vs.日本国憲法』 057
第4話 憲法改正の始動 058
まんがちゃんの「そうなんだ！」❺『日本国憲法の原案の一つが憲法草案要綱』 074

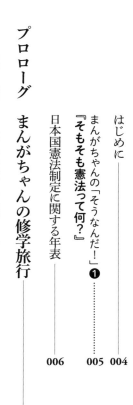

第5話 マッカーサー・ノート 076
まんがちゃんの「そうなんだ！」❻『マッカーサー・幣原会談で出た戦争放棄』 075
第6話 一国の憲法を1週間で!! 090
まんがちゃんの「そうなんだ！」❼『草案を作った民政局の人たち』 088
第7話 GHQ草案と政府の攻防 120
まんがちゃんの「そうなんだ！」❽『日本を愛したベアテ・シロタの尽力』 118
第8話 105日間の憲法改正審議 148
まんがちゃんの「そうなんだ！」❾『極東委員会の重圧』 146
第9話 日本国憲法の公布・施行 174
エピローグ 18歳になればまんがちゃんにも選挙権!! 180
まんがちゃんの「そうなんだ！」❿『最後に』 190
資料・日本国憲法全文 192

＊この作品は史実を元にフィクションを交えて構成しました。

# はじめに

日本国憲法誕生の歴史は、1945（昭和20）年に日本が第二次世界大戦で敗れ、占領軍が日本政府に新しい憲法の作成を命じるところから始まりました。日本が軍国主義を排して、民主的な国家となり、平和国家の一員として国際社会に参加できるように、日本の国のかたちを作り直すことが求められたのです。連合国から日本統治に関するすべての権限を与えられたのが、アメリカ陸軍の元帥であるＧＨＱ（連合国軍最高司令官総司令部）長官マッカーサーでした。1945年10月4日、マッカーサーが副総理の近衛文麿に憲法改正を指示するところから物語は動き出します。

戦争に敗れるまで、日本は明治時代に制定された大日本帝国憲法のもとで統治されてきました。この憲法の根本は、天皇主権であるということでした。それに対して現在の日本国憲法は、国民主権であり、象徴天皇制であり、戦力を持たない憲法です。戦後70年以上を経過し、この新しい憲法はいまや日本の国にしっかりと根付きました。戦後の歩みが凝縮されているともいえます。

2019年夏の参議院選挙で、与党、野党から憲法改正に関する選挙公約が発表され、これから本格的な議論が始まろうとしています。私たちが今手にしている憲法はどういうものなのかを正しく判断するためにも、その歴史的経緯を良く知っておく必要があります。

本書を読まれるお一人お一人が、ご自分の問題として日本国憲法のことを考え、今後の日本をどのようにしていくべきかという議論の参考にしていただければ嬉しく思います。

まんがちゃんの
そうなんだ!
1

# 『そもそも憲法って何?』

憲法っていう言葉はよく聞くんだけど、これっていったい何なの？

憲法がどういうものかは、憲法の条文に書いてあるんじゃよ。

**第98条　この憲法は、国の最高法規であつて、その条規に反する法律、命令、詔勅及び国務に関するその他の行為の全部又は一部は、その効力を有しない。**

つまり、法律の中で一番上位の法律ということなんだ。それじゃ、憲法は誰に対して書かれたものだと思う？

え～っ、誰だろう。やっぱり私たちに対してじゃないの。

これも憲法の中に書いてある。

**第99条　天皇又は摂政及び国務大臣、国会議員、裁判官その他の公務員は、この憲法を尊重し擁護する義務を負ふ。**

憲法を守らなければならないのは、国の統治機能を受け持っている人たち、それは一般的に公務員（官僚、警官、役所の人たち、国会議員）と呼ばれている人たちと天皇、摂政（天皇が幼いときに代行する皇族）なんじゃよ。たとえば、**憲法21条1項「（略）その他一切の表現の自由は、これを保障する」**というのは、国がまんがちゃんに「こんな歌を歌ったらダメ、絵を描いたらいけない」というようなことを強制してはいけない、ということ。今の憲法が出来る前は、国の政治を批判する本は読むことが禁止されたり、映画の上映や講演会が警察の命令で中止されたりしたんだよ。そういうことができないように、憲法には国家権力に対してやってはいけないことが書いてある。こういう考え方を**立憲主義**と言うんじゃよ。

全部は理解できないけど、少しわかったような気がする。

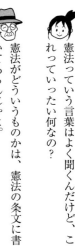

## 〈日本国憲法制定に関する年表〉

| | |
|---|---|
| **1945年** | |
| 7月26日 | 米・英・中が「ポツダム宣言」を発表 |
| 8月14日 | 日本がポツダム宣言の受諾を決定し、連合国側に連絡。 |
| 8月15日 | 天皇、終戦の詔書をラジオで放送（玉音放送）／鈴木貫太郎内閣総辞職 |
| 8月17日 | 東久邇宮稔彦内閣発足 |
| 8月30日 | 連合国軍最高司令官マッカーサーが厚木飛行場に到着 |
| 9月2日 | 東京湾の米戦艦ミズーリ号上で重光葵らが降伏文書に調印 |
| 9月27日 | 天皇がマッカーサーを訪問（第一回目） |
| 10月2日 | 連合国軍最高司令官総司令部（GHQ)設置 |
| 10月4日 | マッカーサーが近衛文麿に憲法改正を示唆 |
| 10月5日 | 東久邇宮稔彦内閣総辞職 |
| 10月9日 | 幣原喜重郎内閣発足 |
| 10月11日 | マッカーサーが幣原首相に「五大改革指令」を提示 |
| 10月15日 | 治安維持法廃止 |
| 10月25日 | 憲法問題調査委員会（松本委員長）が設置される |
| 11月22日 | 近衛が「帝国憲法改正要綱」を天皇に上奏 |
| 12月8日 | 松本大臣が憲法改正四原則を発表 |
| 12月16日 | 近衛、服毒自殺 |
| 12月26日 | 憲法研究会が「憲法草案要綱」を発表 |
| **1946年** | |
| 1月1日 | 天皇が神格化否定（人間宣言）の詔書を発表 |
| 1月24日 | 幣原首相、マッカーサー会談 |
| 2月1日 | 毎日新聞が「日本政府（憲法問題調査委員会）案」をスクープ |
| 2月3日 | マッカーサーが憲法改正3原則を提示、民政局に憲法草案の作成を指示 |
| 2月8日 | 松本国務相がGHQに「憲法改正要綱」を提出 |
| 2月13日 | GHQが憲法改正要綱を拒否、吉田外相らにGHQ草案を手渡す |
| 2月21日 | 幣原首相、マッカーサー会談 |
| 2月22日 | 日本側が閣議でGHQ草案受け入れ決定 |
| 2月26日 | 極東委員会、ワシントンで第1回会議開催 |
| 3月6日 | 日本政府、「憲法改正草案要綱」を発表 |
| 4月17日 | 日本政府、「帝国憲法改正草案」を発表、マッカーサー承認の声明 |
| 6月8日 | 枢密院本会議で憲法改正草案を可決 |
| 6月25日 | 第90回帝国議会の衆議院本会議に改正案が上程される |
| 8月24日 | 衆議院、憲法改正案を可決 |
| 10月6日 | 貴族院、憲法改正案を修正可決 |
| 10月7日 | 衆議院、憲法改正修正案を可決 |
| 10月29日 | 枢密院、憲法改正案を可決 |
| 11月3日 | 日本国憲法を公布 |
| **1947年** | |
| 5月3日 | 日本国憲法を施行 |

# プロローグ

# まんがちゃんの修学旅行

## 【班長】

## 【責任感】

はァ〜〜〜 すごいね 東京《とうきょう》
雷門
本当 人・人・人 だな
あっ スカイツリー
あれ?
まんが 横田《よこた》が いねーぞ
ええッ
どーしよう ケータイ つながん ないよ
横田ー?
マジ!?
捜して くるッ
横田くーん
どこー
どっぷりと 日も暮れて

## 【やさしい】

あ〜〜〜っ よかったよ 見つかって〜
ごめんな まんが
オレ 人の多さに 酔っちゃって…
ホテルまで あと2駅だよ
頑張 って
うッ
ここにッ!!
うえええ〜
横田くんは一生 まんがちゃんを 忘れないでしょう

【断れない】

天皇陛下が お住まいの 皇居です
先生 まんが ちゃんが いません
え!?
おじいちゃん このビルに 行きたいのね
案内 頼みます
頼まれたら 断ることのできない まんがちゃんです
えーっと こっち

【あれから…】

おじいちゃん ここや!
第一生命《だいいちせいめい》 ビル
……!?
あれから もう70年 以上…
いたッ いたッ
まんが ちゃーん
泣いて いる…!?

## 【憲法と拳法】

捜したよ
なにしてんだよ
君たち友だち？
公平《こうへい》くんとあやめちゃんでス
君たち
日本国憲法を知ってるかい？
知っとる
まんがちゃんそれは拳法です

## 【日本国憲法】

日本国憲法１９４６年11月３日に公布
個人の尊厳を守るための
「国民主権」「基本的人権の尊重」「平和主義」が日本国憲法の３大原則であり…
NOTE
他の法律や命令で変更することのできない
国家最高の法規範でス

# 【GHQ】

GHQ…総司令部(General Headquarters)の略称。正式名称は連合国軍最高司令官総司令部。ポツダム宣言を履行するため、第二次世界大戦後の日本を統治するための最高機関。1945年〜1952年まで絶対的な権力を行使した。

# 第1話 日本の運命を握る男

占領軍※の最高司令官がやってくる
朝

神奈川県厚木基地《かながわけんあつぎきち》

**占領軍**…連合国軍。アメリカ、イギリス、フランス、中華民国、ソ連、カナダ、オランダ、オーストラリア、ニュージーランド、インド、フィリピンの11か国で構成されたが、大半はアメリカ軍が占めた。進駐軍とも言った。

これからの日本はどうなるのだろう…!?
キュキュー
それに…天皇陛下の戦争責任は……!?
ゴク…

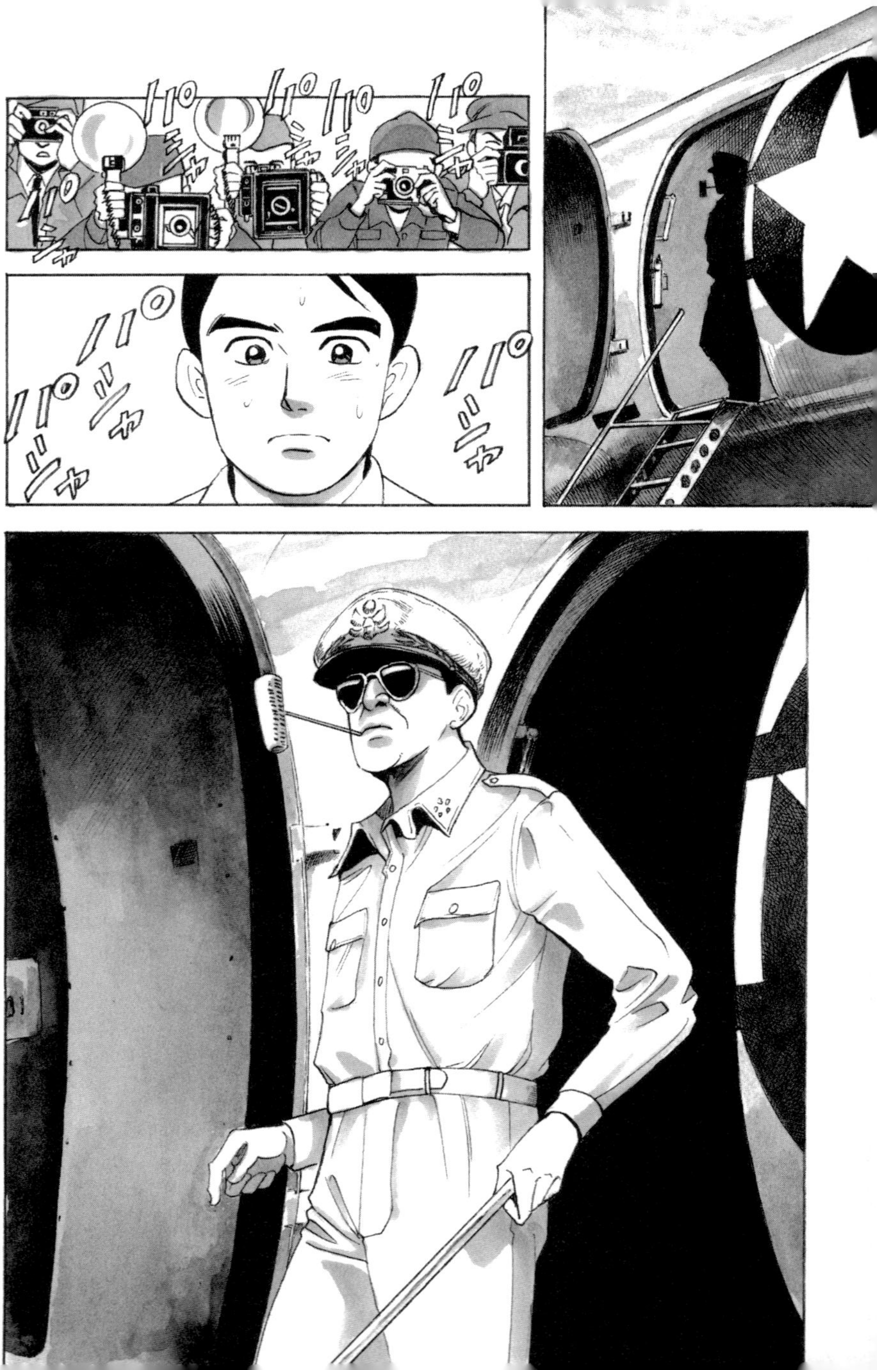
パシャ
パシャ
パシャ
パシャ
パシャ
パシャ
パシャ
パシャ

あれがこれからの日本の運命を握る
連合国軍最高司令官ダグラス・マッカーサーという男か!!

## 【ホイットニー准将】

ホイットニー准将
ゴチッ
はい

コートニー・ホイットニー（1897-1969）…アメリカ陸軍将校。GHQの民政局局長。弁護士、法学博士。マッカーサーの参謀役として重責を果たした。

## 【やるべきこと①】

ホイットニー准将
メモを取れ
はいマッカーサー司令官どの
私のやるべきことは…
日本国民が奴隷状態から解放されることを実現すること
男女同権を実現して
女性を政治に参加させなければいけない！
わーっ
軍事力の破壊！
国民を代表する政府の確立！

ダグラス・マッカーサー（1880-1964）…アメリカ陸軍元帥。GHQの長官を務め、在任中は日本統治の最高権力者として君臨した（24ページ参照）。

## 【やるべきこと②】

婦人の解放
政治犯の釈放！
農民の解放！
戦争犯罪人の処罰
警察弾圧の排除！
言論の自由と新聞の育成！
教育の自由化
権力の中央集中の排除！
紙
紙
紙

## 【天皇の責任】

司令官閣下
なんだ准将!?
天皇の戦争責任は？
……………
…………

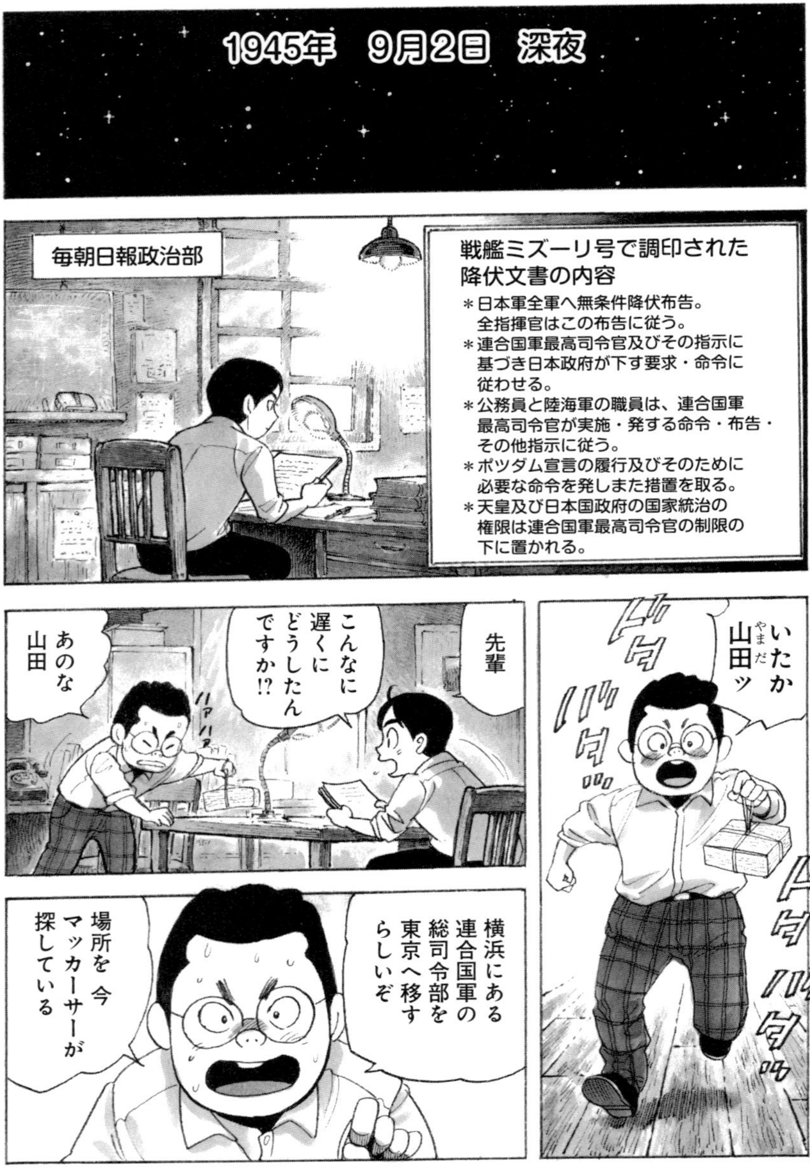
1945年 9月2日 深夜
毎朝日報政治部
戦艦ミズーリ号で調印された
降伏文書の内容
＊日本軍全軍へ無条件降伏布告。
全指揮官はこの布告に従う。
＊連合国軍最高司令官及びその指示に
基づき日本政府が下す要求・命令に
従わせる。
＊公務員と陸海軍の職員は、連合国軍
最高司令官が実施・発する命令・布告・
その他指示に従う。
＊ポツダム宣言の履行及びそのために
必要な命令を発しまた措置を取る。
＊天皇及び日本国政府の国家統治の
権限は連合国軍最高司令官の制限の
下に置かれる。
いたか 山田《やまだ》ッ
ドタバタ
ドタバタ
先輩
こんなに遅くにどうしたんですか!?
ハァハァ
あのな 山田
横浜にある連合国軍の総司令部を東京へ移すらしいぞ
場所を 今 マッカーサーが探している

## 【総司令部の移設】

## 【何でここなの？】

## 【戦後処理】

## 【陛下は…？】

**白洲次郎**（1902-1985）…占領下の日本で、すぐれた英語力を活かしGHQとの交渉役を引き受け、外相吉田茂を助けた。後に実業界でも活躍する。

**大本営**…敗戦までは日本軍の最高権力機関。日々の戦況をラジオや新聞に「大本営発表」として流した。戦争末期は負け戦であっても負けを認めず、勝ち続けているとの偽情報を流したため、後に偽りの情報のことを「大本営発表」と言うようになった。

## 【内乱が…】

陛下のことは
最高司令官マッカーサーの腹一つだ
…………
先輩もし天皇陛下が逮捕されたら…
日本に内乱が起こりますよ

## 【戦争が終わっても】

特高※が俺たちをマークしている
気をつけて帰れ
裁判所では治安維持法※違反の罪で
昨日も無期懲役の判決が出てるからな…
戦争は終わったというのに
まだ法律は生きているんだ…
自由になったとは言えないのか!?

**特高**…特別高等警察の略称。国家体制に反対する思想や表現、運動などを取り締まるための政治警察。秘密警察。治安維持法を適用して恣意的に多くの文化人、言論人を検挙した。えん罪事件として有名な「横浜事件」では4名が拷問を受け獄死した。

**治安維持法**…当初は国家体制の変革や私有財産制度を否定する結社を取り締まるために作られたが、その後適用範囲が拡大し、多くの運動が対象となり、言論、表現等の自由が著しく阻害され、弾圧された。

# 【日本の未来は…】

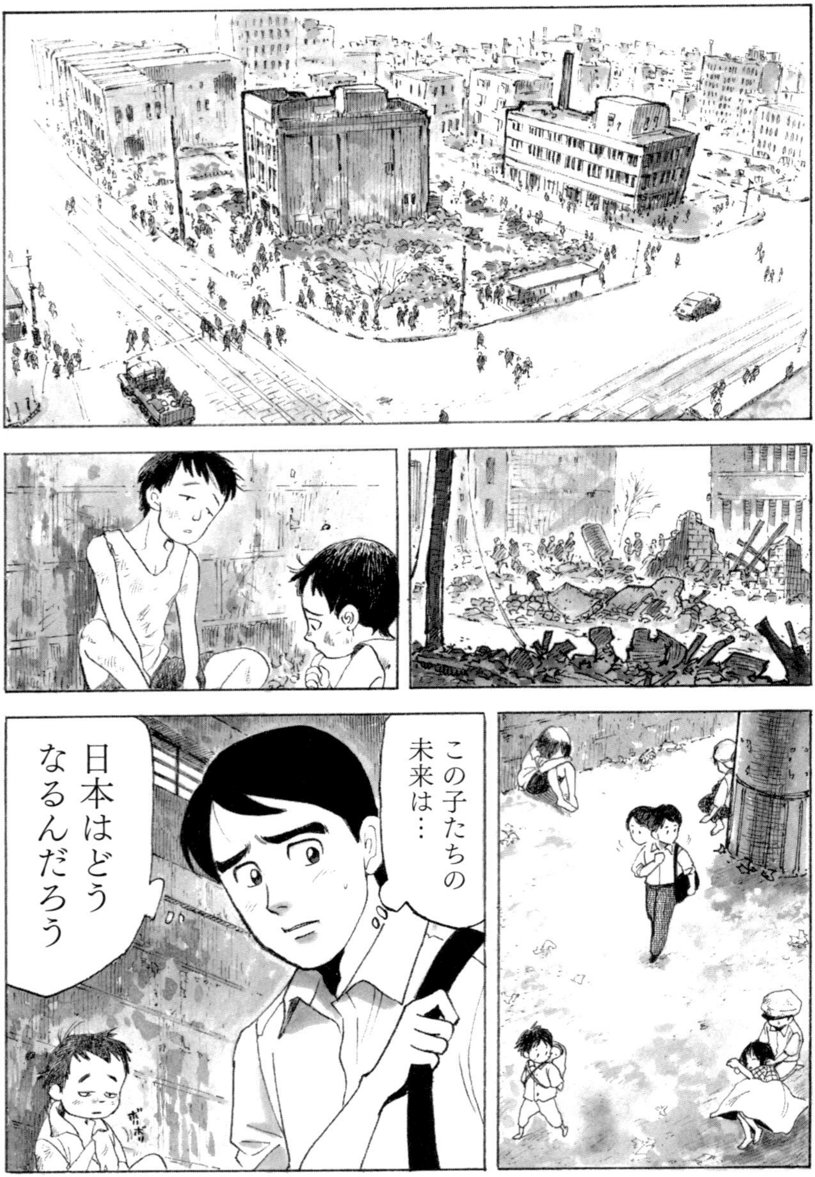

この子たちの未来は…
日本はどうなるんだろう

## 【今も生きている】

このビルの中で日本の未来が作られたんだね
マッカーサーってもう死んでいるの？
あたりまえだろ
いつの人だと思ってるの
マッカーサーは生きている
え――――ッ!?
日本国憲法の中で 今も…
生きている

# 『ポイントはポツダム宣言とマッカーサー』

憲法に関係の深いポツダム宣言を説明しておこう。１９４５年７月26日、ドイツ・ベルリン郊外のポツダムで、アメリカ大統領トルーマン、イギリス首相チャーチル、中華民国主席蒋介石の連名で、日本国に対して無条件降伏するよう13項目から成る宣言が発せられた（のちにソ連も参加）。

要求された項目は、

①軍国主義者の権力と勢力を永久に取り除くこと

②日本に新しい国の形ができるまで連合国が占領を続けること

③カイロ宣言（１９４３年にルーズベルト、チャーチル、蒋介石による会談後に出された対日方針）の履行、日本の領土を本州、北海道、九州、四国および連合国が決定する諸小島へ限定すること

④日本軍が武装解除すること

⑤戦争犯罪人を罰すること、民主主義を復活させるための障害を取り除くこと、基本的人権を尊重すること

⑥早急に無条件降伏すること

などじゃ。

それを日本は受け入れたの？

鈴木貫太郎首相はこの宣言を黙殺、米・英・中の三国は受諾を拒否したものとみなし、８月６日広島、８月９日長崎へ原爆を投下した。また、ソ連は８月８日に宣戦布告し、翌日から満州国や樺太への攻撃を開始した。この状況を受け、日本は８月14日にポツダム宣言を受諾したんじゃ。

マッカーサーってどんな人だったの？

１８８０年生まれのマッカーサーは、祖父が有名な法律家、父親がエリート軍人という名家の出身じゃ。陸軍士官学校を首席で卒業し、陸軍大学校校長、陸軍参謀総長を若くして歴任、57歳の時いったん軍務から退任した。しかし１９４１年、対日戦を戦うため極東総司令官としてフィリピンに復帰、１９４５年からＧＨＱの最高司令官（ＳＣＡＰ）として日本に進駐、１９５１年まで駐留したんじゃ。

１９５０年に始まった朝鮮戦争の国連軍司令官として全軍を指揮、劣勢を挽回したが、中国本土

への攻撃や核攻撃を進言、第三次世界大戦が始まることを憂慮したトルーマン大統領に拒否され、解任された。
１９５１年4月16日、５年半近く占領下の日本で絶対的な存在だったマッカーサーにも日本と別れる日がやってきた。前日に昭和天皇がアメリカ大使館を訪問して最後の挨拶をされ、マッカーサーは翌日羽田空港からアメリカへ向かった。この時、羽田空港までの沿道に２００万人近い日本人が集まり、別れを惜しんだと言われている。またアメリカでは、外地で長年戦ってきた伝説の将軍を迎えるために、サンフランシスコでは凱旋パレードが行なわれ、７５０万人の市民が熱狂のうちに出迎えた。数日後、アメリカの議会で退任の演説をしたが、その中で有名な「老兵は死なず、ただ立ち去るのみ」という言葉を残しているんじゃ。

日本にとってはどういう人なの？

アメリカでは軍人として圧倒的な評価を得ていたマッカーサーだが、日本では軍人という枠を超えて絶対的な権力者として君臨し、「青い目の大君」とも呼ばれていた。日本のかたちを大きく変えた、戦後70年を通じて最も影響力のあった人物だよ。短期間に強大な政治力、行政手腕を発揮して、平和国家として歩んできた日本の礎を築いたとも言える。日本国憲法についても「マッカーサー憲法」と呼ばれるくらい深くかかわっているんじゃ。
しかし、１９５１年5月に行なわれた上院の聴聞会で「日本人は12歳」という発言をしたことが日本国民に知られることになり、当時の日本人は差別的な発言であると激高して、マッカーサーに対する人気は一気に冷めていったんじゃ。
アメリカに帰った翌年、共和党から大統領選に出馬しようとしたが、指名されることはなかったんじゃ。
１９６０年には日本から勲一等の勲章が贈られ、１９６２年にはケネディ大統領から金メダルが授与されている。１９６４年4月にワシントンにある陸軍病院で息を引き取った。享年84歳だった。

# 第2話 天皇陛下とマッカーサー

## 【戦　犯】

9月11日
東条英機※が
戦犯として
逮捕された
部長
陛下も…
天皇陛下も
逮捕されるの
でしょうか
うむ
マッカーサーは
どう出るか…!?
山田ッ
他の
逮捕者の
名前を
書き出せ
他…
37名
ですッ

**東条英機**（1884-1948）…首相として太平洋戦争（大東亜戦争）を始める。戦後、A級戦犯として逮捕され、東京裁判で絞首刑となった。

## 【武装解除】　【天皇イコール国家】

**昭和天皇**（1901-1989）…第124代天皇。日本国憲法により国民統合の象徴となる。満州事変、2.26事件、太平洋戦争、占領、そして戦後復興と激動の時代を生きた。

## 【極　刑】

天皇は占領政策にもっと
利用できるのでは…!?
アメリカ国内では
天皇を極刑にすべきだという声も多数出ています
ソ連やイギリスなど他の連合国も
黙っていません!
きいてます?
カリ
カリ

## 【命《いのち》乞《ご》い】

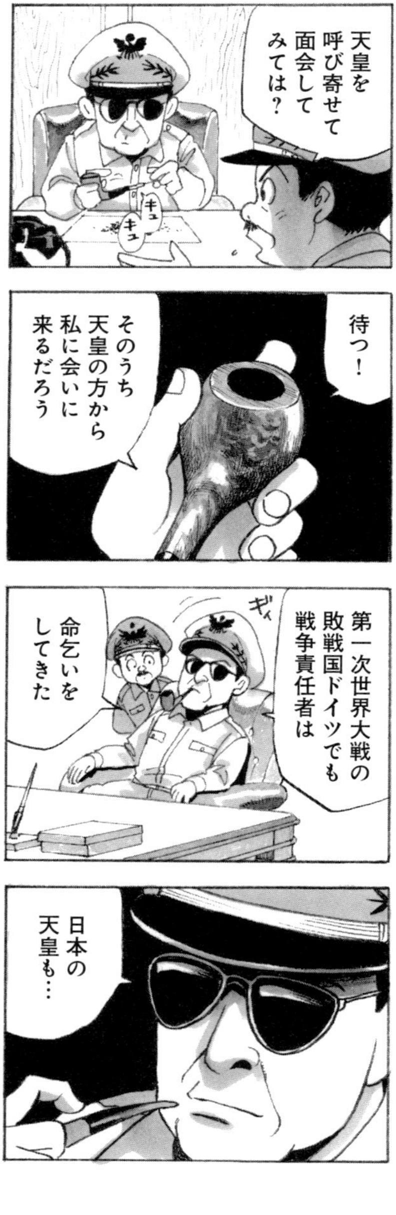
天皇を呼び寄せて面会してみては?
キュ
キュ
待っ!
そのうち天皇の方から私に会いに来るだろう
ギィ
第一次世界大戦の敗戦国ドイツでも戦争責任者は
命乞いをしてきた
日本の天皇も…

## 【さびしい出迎え】

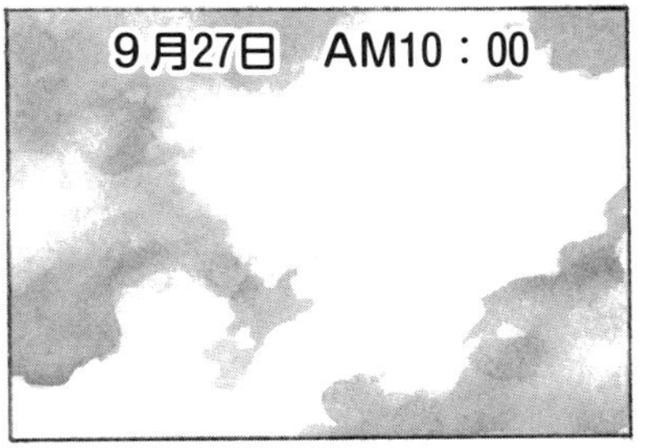
9月27日　AM10：00

天皇を乗せた車はマッカーサーの待つアメリカ大使公邸の門をくぐった

出迎えたのは二人の副官だけ
マッカーサーの姿はなかった

## 【タバコが好き】

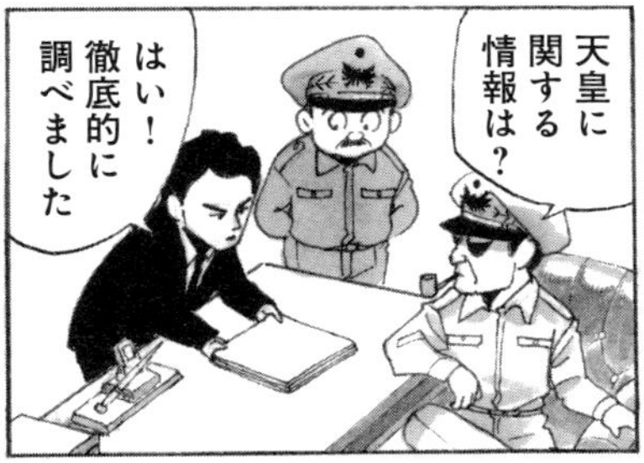
天皇に関する情報は？
はい！徹底的に調べました

天皇は……
タバコ好きでもあるのか

パシャ
写真撮影が終わり二人の会見が始まった

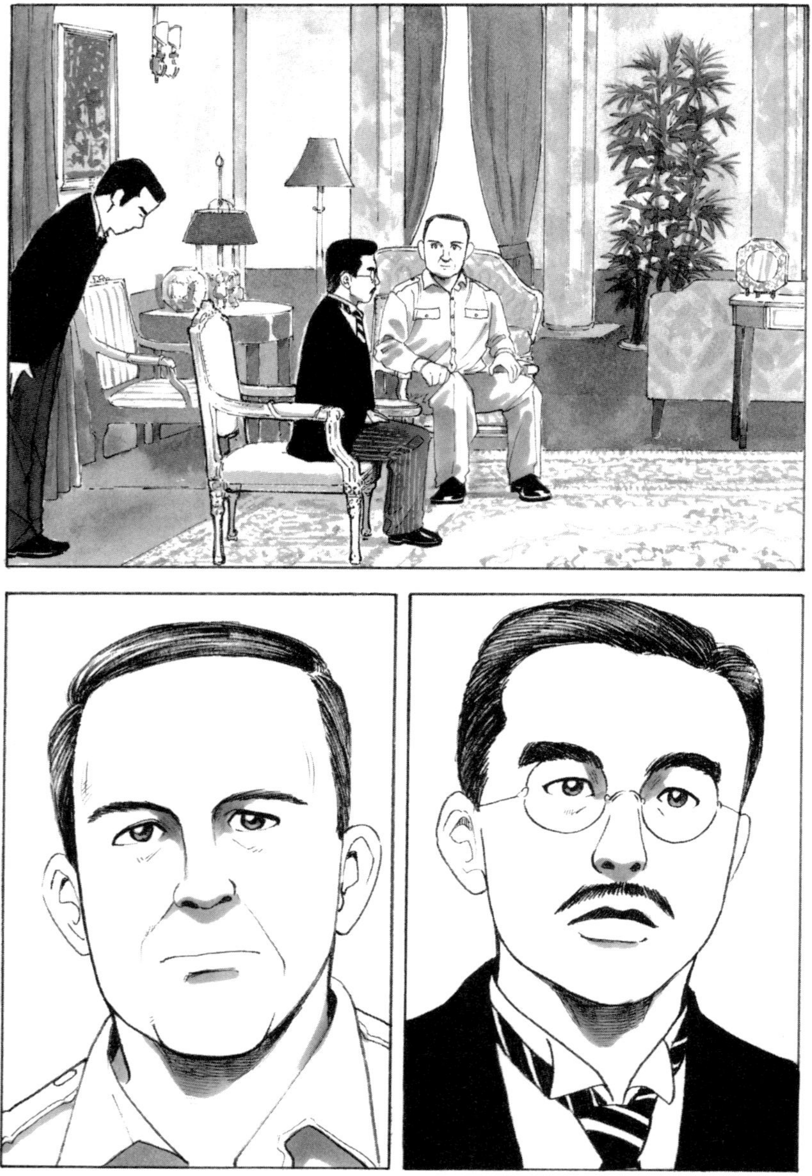

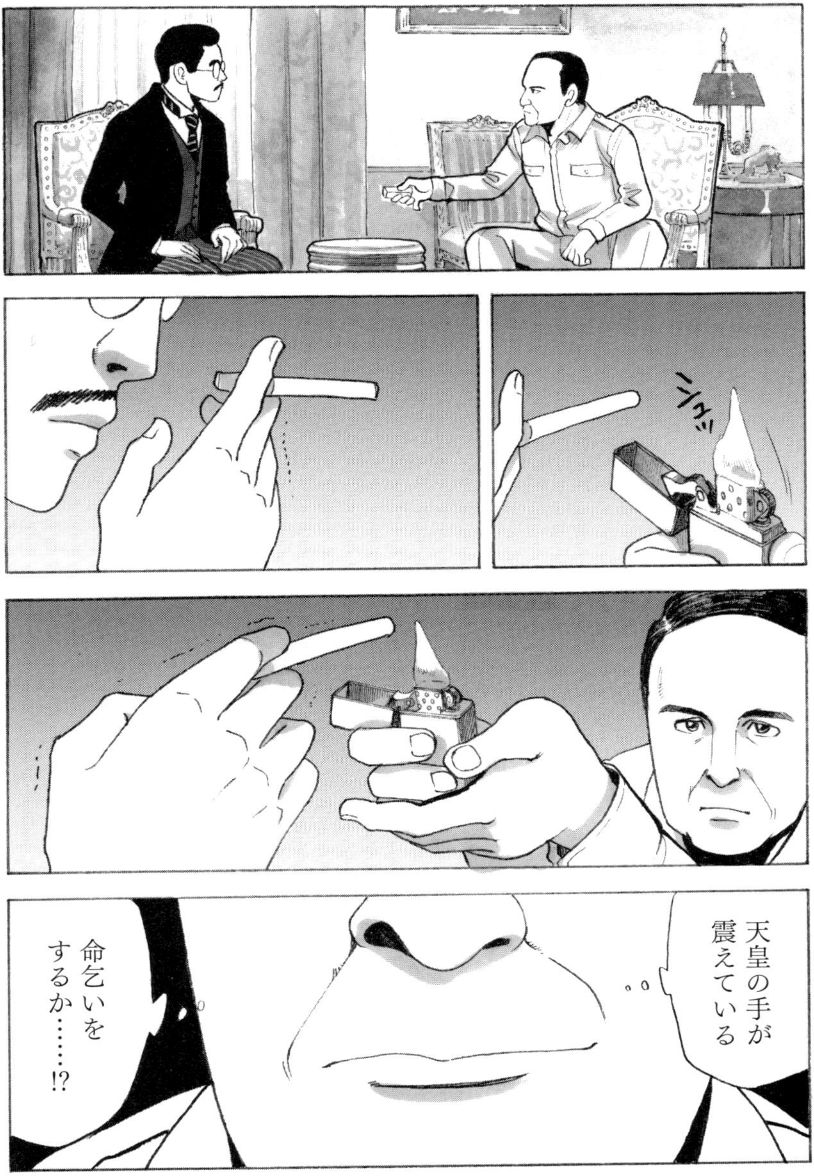
シュッ
天皇の手が震えている……
命乞いをするか……!?

## 【そこではどんな会話が】

それで天皇は？
なんて言ったの？
もう一本タバコくれと言ったの？
あ
ハンバーガーをねだったんだ
おッそういや腹へったな
本当もう 12時まわってる
あ゛ーっ
だははは

## 【3回会っていた】

## 【誰にもわからない】

私の前にいる天皇が
日本の最上の紳士である!!

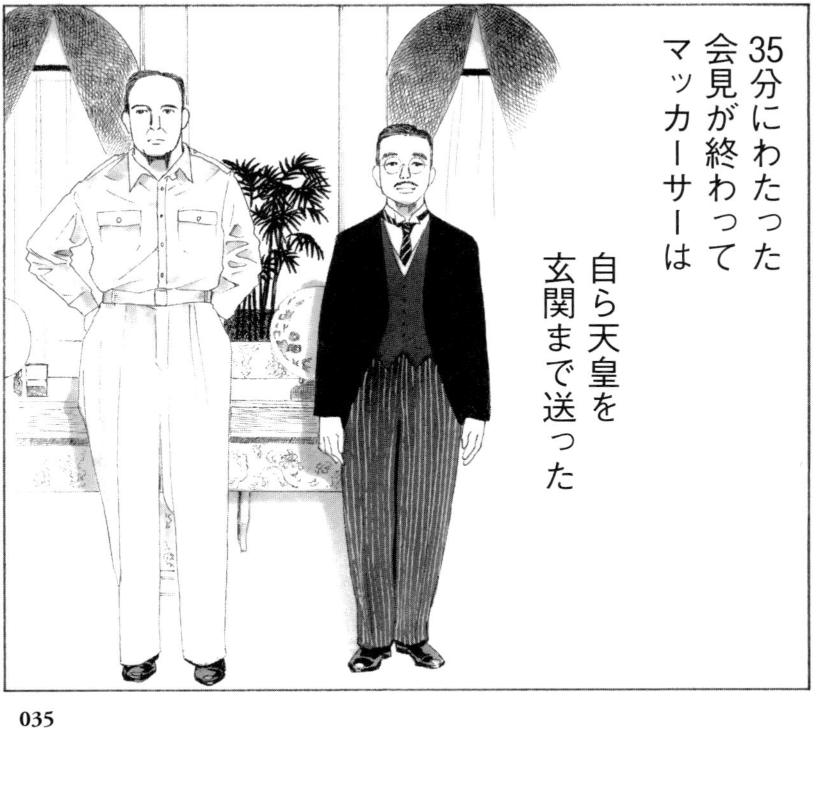
35分にわたった会見が終わってマッカーサーは
自ら天皇を玄関まで送った

【会見写真】

天皇陛下がGHQに呼びつけられて
訪問したなんて嘆かわしい
GHQから配られたこの写真どうしましょうか⁉
バカヤロー!!
天皇陛下の写真を掲載するなんておそれ多いことだ――ッ

【マッカーサーの怒り】

私と天皇の会見写真が掲載されていない…
どういうことだッ⁉
写真を掲載するように言えェッ
その写真は
翌日の新聞一面に大きく掲載された※
國際社會の一員へ
平和確立に全力

**写真の影響**…歌人の斎藤茂吉はこの写真を見て「ウヌ！マッカーサーノ野郎」と日記に記しているが、多くの国民が敗戦の事実を目に見える形で突きつけられ、ショックを受けると同時に、占領軍の力を思い知らされた。

## 【戦勝国と敗戦国】

戦勝国と敗戦国がはっきり
実感できる写真だな
クソ〜〜〜ッ
マッカーサーめッ

## 【マッカーサーの思考】

天皇の命令により兵士が武器を放棄し…
武装解除は予定よりはるかに速く終結した
プカ
プカ
プカ
プカ
プカ
………

【内乱が起きる】

占領政策を…
プカ プカ
……
進める上で…
プカ プカ プカ
モクククク
……
したがって天皇を
戦争犯罪という理由で裁判にかけるならば
プカ プカ プカ プカ
それは日本国民への背信に等しいものとなる
陛下になんてことを!!
モクワクワ
統治機構は崩壊し
日本に内乱が起きるッ

天皇は必要だ!!

# 『キーパーソンは天皇とマッカーサー』

おじいちゃん、天皇の戦争責任ってどういうこと？

当時、世界は第二次世界大戦といって、連合国（アメリカ、イギリス、フランス、中華民国、オーストラリアなど）と枢軸国（日本、ドイツ、イタリア）の間で戦争があったんじゃよ。当然、敵対国の代表が恨みをかうことになる。ドイツはヒットラー、イタリアはムッソリーニ、そして日本は天皇が国の元首であり、最高権力者だとみなされたんじゃ。だから、戦争に勝った連合国側から天皇の責任を問う声が多数あったことは事実だ。一方で、当時の大日本帝国憲法のもとでの天皇の権限とは、軍部と政府が決めたことにただ承認を与えるだけであり、本当の責任者は戦争を始めたときの首相であった東条英機である、というのが日本の立場だったんじゃ。

立場によって考え方は違うんだね。

歴史的な出来事は、いろいろな角度から見ていくことが必要なんじゃ。

この問題は解決したの？

当時、連合国側が開いた極東国際軍事裁判（東京裁判）では、東条英機を始めたくさんの日本人が裁かれたが、昭和天皇は裁判にはかけられていない。その後、本書であきらかなように、当時のアメリカやマッカーサー元帥の思惑もあり、また日本国民が象徴天皇制を支持したこともあって、退位ということもなかった。一応の決着はついた、とも考えられるが、天皇に責任はあったと考えている人たちもいるんじゃ。

70年以上前の出来事だけど、簡単には終わらない話なんだね。

戦争責任とは何か、ということは簡単に答えが出ることではない。政治的にも、法律的にも、国民感情にも、全てに関係してくる話だからね。

昭和天皇はマッカーサーと会談したんだよね。

マッカーサーが日本に駐留して約一か月後の9月27日、昭和天皇はマッカーサーを訪ねるんじゃ。二人の会談は計11回行なわれたが、1回目の会談で天皇が自らの戦争責任についてなんと発言したのか、これは歴史上のミステリーなんじゃ。

何を言ったか記録されてなかったの？

多くの研究家がいろいろな資料から推論しているが、真実を知っているのは昭和天皇、マッカーサー、通訳の奥村勝蔵の三人だけ、あとはすべてその三人からの伝聞情報なんじゃ。当時の新聞にはマッカーサーと昭和天皇の並んだ写真が掲載されたが、会談内容は発表されなかった。しかし時代が進み、その時どのような話があったのか、いろいろな資料が出てきている。それは当事者の二人から話を聞いた側近の日記やメモに残された記録、アメリカ本国への電報や報告書、主役二人のことば、通訳の奥村の証言などじゃ。

それで本当のことが分かったの？

それぞれに意図があって書かれたものだから、証言のうちどれが真実なのかは、大量の資料をよく調べて研究しなければわからない。比較的早い時期に出た資料として、マッカーサー本人の回顧録があるが、内容を研究したところ歴史的な資料価値は低いということがわかってきたんじゃ。昭和天皇の発言として宮内庁が編集し、2016年に刊行された『昭和天皇実録　第九』（終戦・占領）には「この戦争については、自分としては極力これを避けたい考えでありましたが戦争となるの結果を見ましたことは自分の最も遺憾とする所であります」とだけ記されてある。また昭和天皇はこの会談に関して「マッカーサー司令官と、はっきり、これはどこにも言わないと、約束を交わしたことですから。男子の一言の如きは、守らなければならない」という発言も残しているんじゃ。

まだまだ歴史上のミステリーのままなんだね。

# 第3話 憲法改正に触れる

## 【天皇を守った】

# 【占領政策発表】

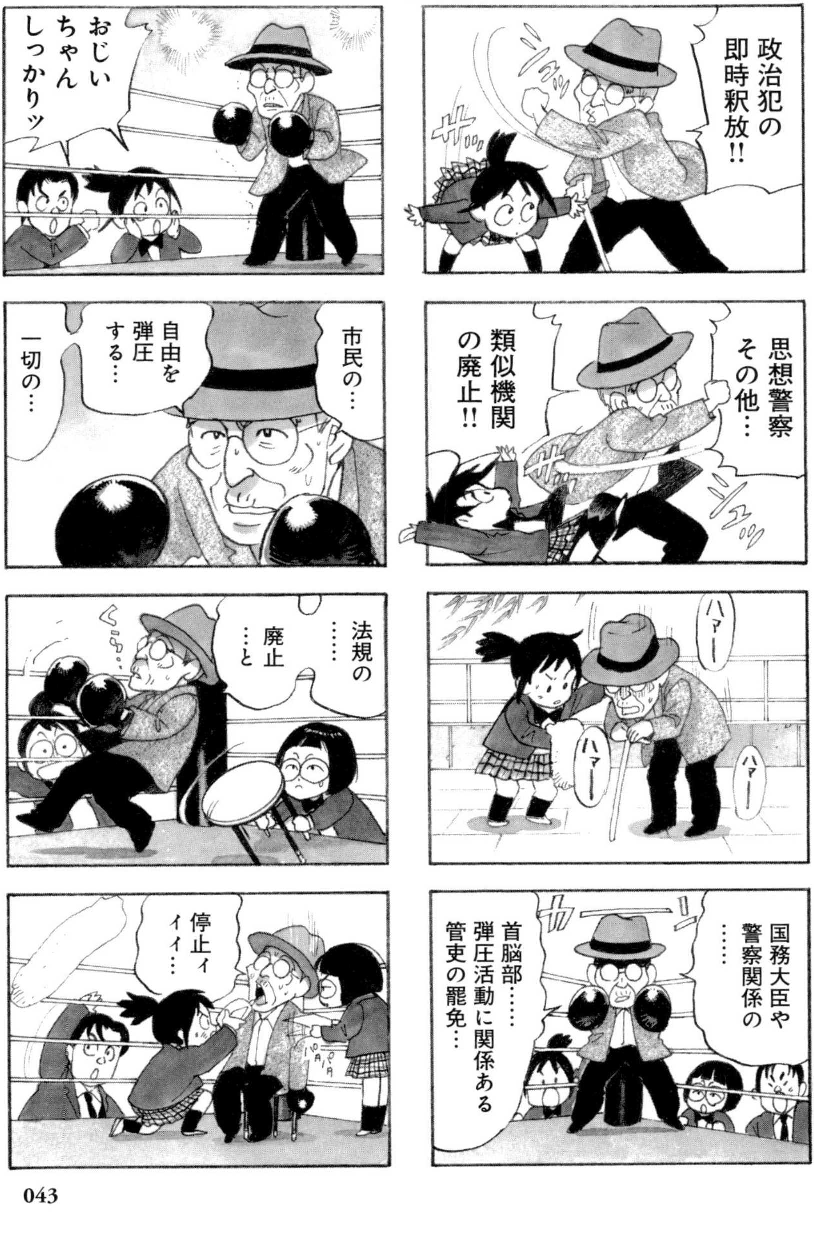

政治犯の即時釈放!!
思想警察その他…
類似機関の廃止!!
ハァー
ハァー
ハァー
国務大臣や警察関係の……
首脳部……
弾圧活動に関係ある管吏の罷免…
おじいちゃんしっかりッ
市民の…
自由を弾圧する…
一切の…
法規の……
廃止…と
停止ィイイ…

## 【触れる】

それで……
治安維持法も…特高もなくなった……
パチパチ
パチパチパチ
そして……
カツーーン
カツーーン
占領政策を発した…
同じ…10月4日に……
パタ パタ
触れたのじゃ…
なにが…？
ふれたのおじいちゃん⁉

## 【本　丸】

大日本帝国憲法改正
憲法……
改正⁉
快晴
本丸ね
ぐぁーっ

## 【近衛文麿】※

1945年10月4日(木)
近衛《このえ》副総理どちらへ?
マッカーサーに呼ばれた
どういう理由で!?
私が問いたい

## 【第一の理由】

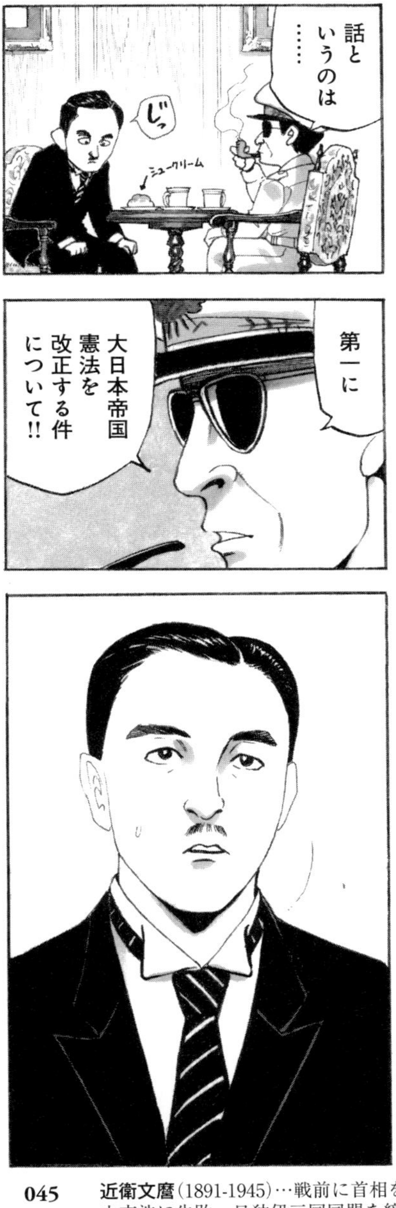
話というのは……
じっ
シュークリーム
第一に
大日本帝国憲法を改正する件!!

**近衛文麿**(1891-1945)…戦前に首相を三期務めた。公爵。盧溝橋事件での日中交渉に失敗。日独伊三国同盟を締結。戦後は副総理となるが、戦犯容疑をかけられ自殺。

## 【第二の理由】

改正して
自由主義的要素を 十分取り入れねばならぬ
……
第二に
帝国議会は反動的である!
現行選挙法の下で解散しても結果は同じである
……


## 【憲法改正を指示!?】

それを避けるためには
選挙権を拡張し!
婦人参政権と
労働者の権利を認めることが必要だ!!
……
元帥は私に
憲法改正に取り組むよう指示されたのか!?

## 【改正スタート】

10月11日 毎朝日報
部長 はじめ ましょう
明日から 近衛公が
憲法改正作業を スタートさせる!!
部長
実務作業は
京大の 佐々《ささ》木《き》惣一《そういち》教授に 依頼する そうです
東《ひがし》久邇宮《くにのみや》内閣が 総辞職して
副総理の 近衛公は 内大臣府 御用掛に!!

## 【適任ではない】

しかし…
近衛副総理は 中国侵略時の 首相で
戦争犯罪者 として
逮捕される かもしれない 人物だ
シュ
シュ
近衛副総理に 指示したのは マッカーサーの 独断でしょ
連合国軍が 黙っていない かもな…
むき〜〜〜ッ

## 【新たな指令】

部長
大変ですッ
バーン
なんだ!?
マッカーサーが
幣原《しではら》内閣に
憲法改正を
含む
5大改革を
指令され
ましたッ
なんだっ
てッ!?

## 【首相・幣原喜重郎※】

幣原喜重郎《しではらきじゅうろう》
早速だが
日本政府に
5つの改革の
指令を出す!!
…………

**幣原喜重郎**(1872-1951)…外務官僚から外務大臣を経て、戦後二代目の首相となる。マッカーサーとの会見で、象徴天皇制と平和主義という憲法の骨格について話したとされる。

# 【5つの改革】

憲法の改正を含めて
婦人への参政権付与！
労働組合結成の奨励！
ストライキ決行
労働条件
改善!!
教育の自由化
秘密的弾圧機構の廃止！
経済機構の民主化の
財閥解体
5つだ!!
…………
…………
ポツダム宣言を履行するにあたり
日本国民が何世紀もの長きにわたって
隷属してきた社会の
秩序伝統を矯正する必要がある!!

# 【憲法改正は日本政府の下で】

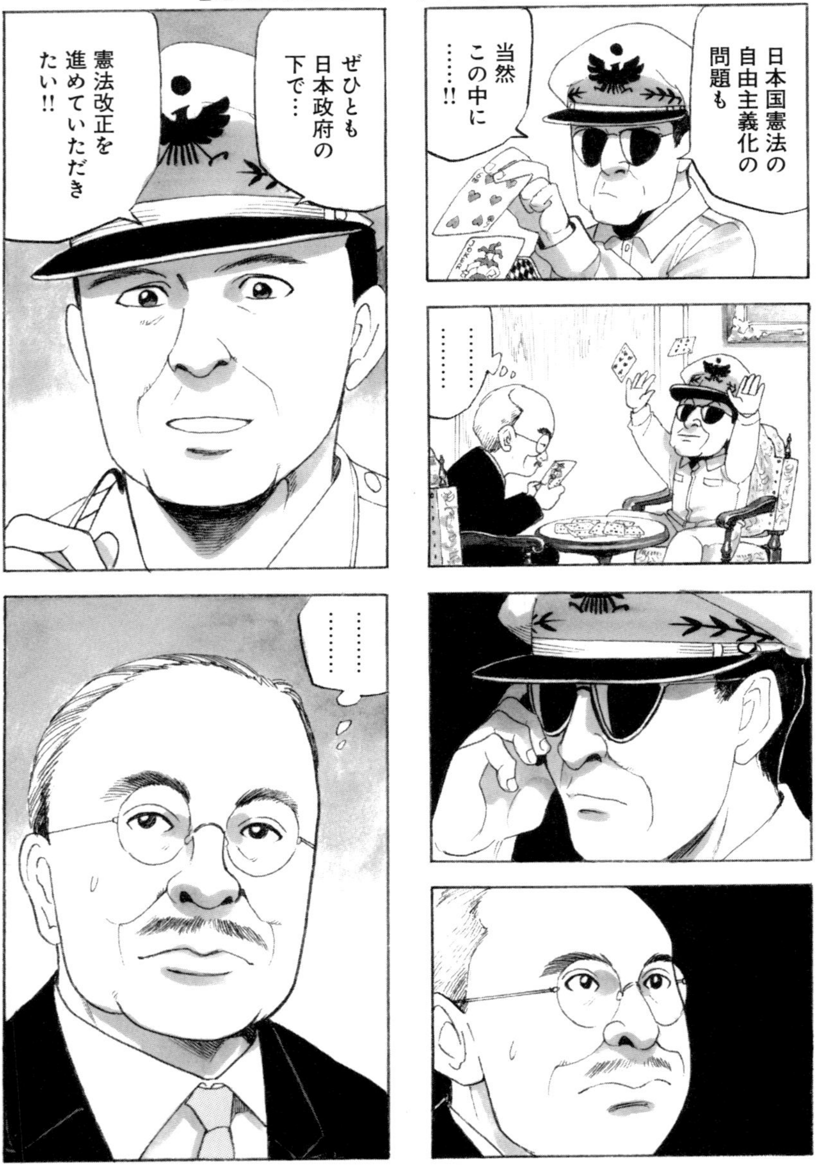

それ
おかしいやろ
【おかしい】
【批　判】
おじいちゃんそれっておかしいですよ
そうだ！
おかしい!?おかしい!?
同じ時期に近衛文麿《ふみまろ》と幣原内閣の２つの……
このえさん
しではらさん
そう…
予想通りアメリカの新聞に…
憲法改正作業がスタートしたことに
なるんじゃないのですか
近衛が憲法改正作業に当たることを……
強く批判する記事が出てね……

## 【手のひらを返す】

私はマッカーサー元帥から
憲法改正に取り組みように指示されたのだ
近衛文麿
カコーン
2つの依頼の件を批判された後
GHQの言い訳はこうだった
GHQ
あの時は副総理としての
近衛に依頼したが…
その後幣原内閣に代わったので
GHQ
幣原首相に命令を下したと……
GHQ
手のひらを返したンですね
ギュ
ジュ〜〜
お好みやき

# 【近衛文麿自殺】

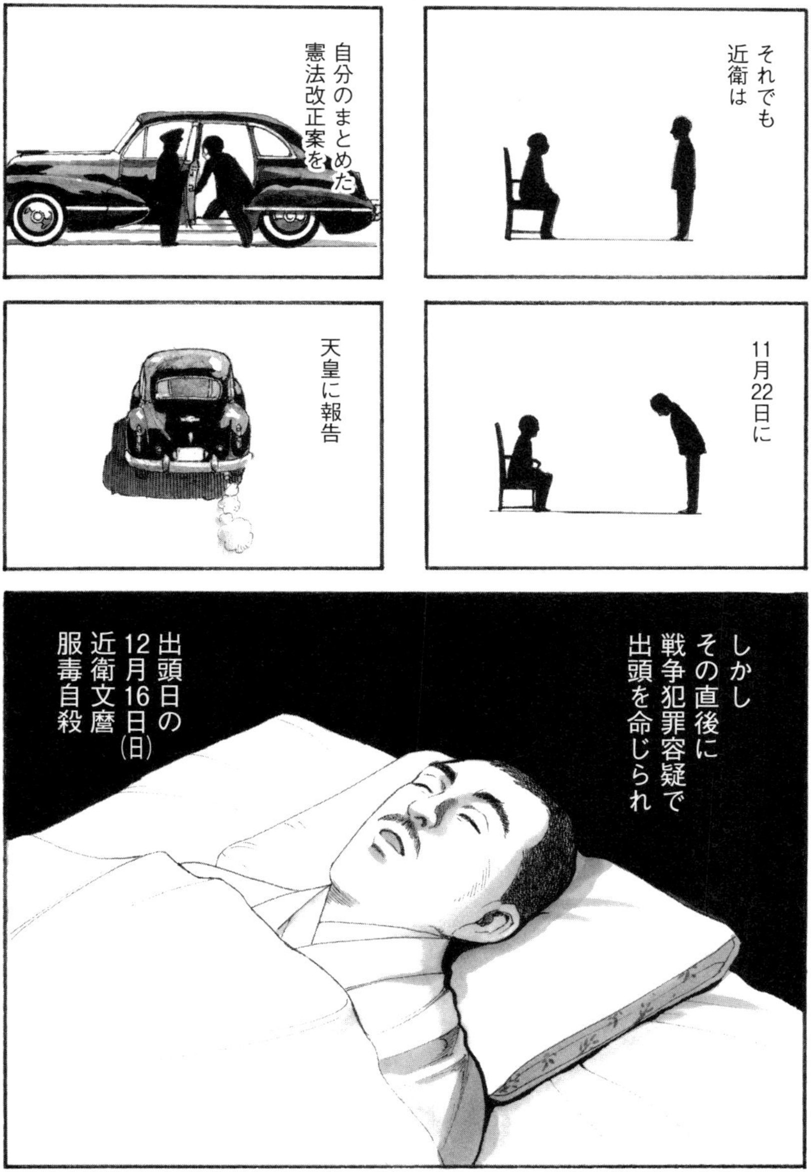

それでも近衛は
自分のまとめた憲法改正案を
11月22日に
天皇に報告
しかしその直後に戦争犯罪容疑で出頭を命じられ
出頭日の12月16日(日)近衛文麿服毒自殺

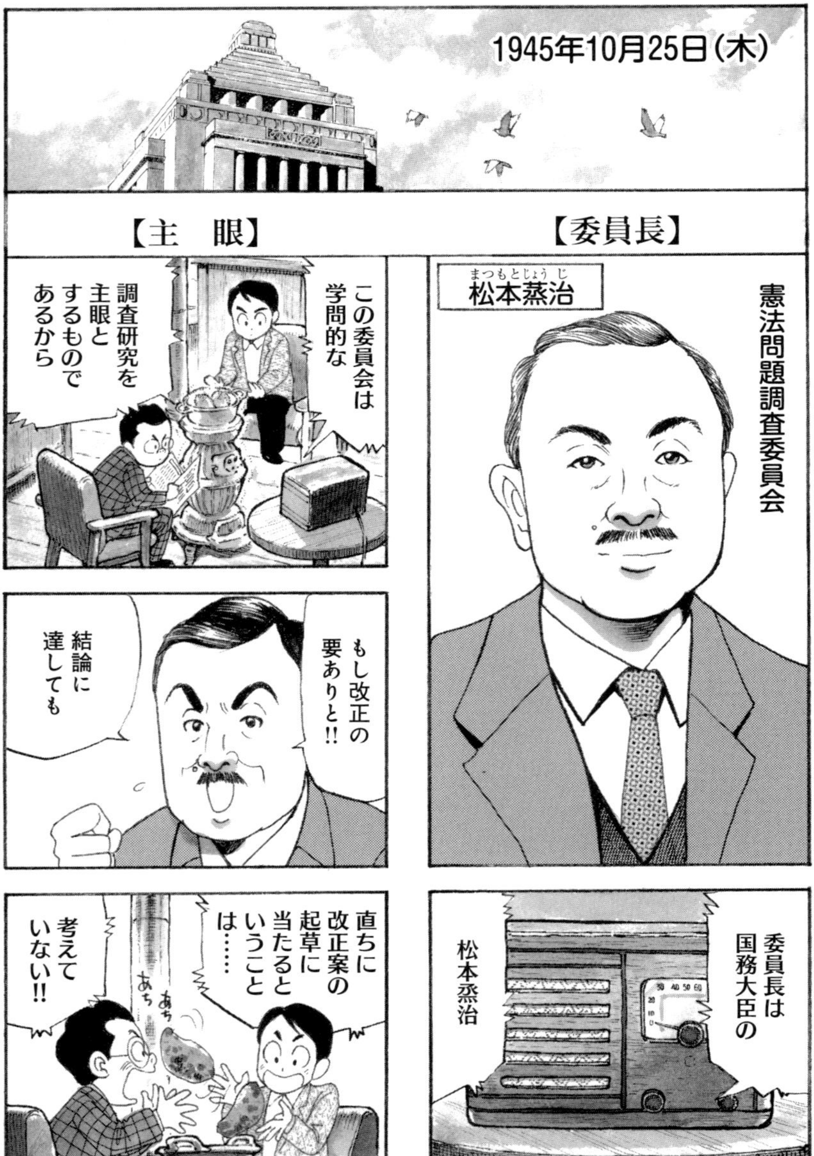
1945年10月25日(木)
【委員長】
憲法問題調査委員会
松本蒸治《まつもとじょうじ》
委員長は国務大臣の
松本烝治
【主　眼】
この委員会は学問的な
調査研究を主眼とするものであるから
もし改正の要ありと!!
結論に達しても
直ちに改正案の起草に当たるということは……
あち
あち
考えていない!!

**松本蒸治**(1877-1954)…商法学者。幣原内閣で憲法草案(松本試案)を作成したが、GHQ側からは評価されなかった。新憲法はGHQに押しつけられたと発言した。

## 【委員会の意見】

## 【アホな連中】

## 【変わらない】

大日本帝国
憲法の改正に
ハッ
ハッ
松本委員長
以下…
消極的な
連中が
大半を
しめている
憲法
改正って
言っても…
何も変わら
ねえんじゃ
ねえのか!?
天皇制も
残りそう
ですよね
ひーっ

## 【GHQは？】

しかし
先輩
その
調査委員会の
考え方を
GHQは
承認するんで
しょうかね？
どうか
な…!?
…ま！
そのうちに
進歩党や
自由党
なども
改正案を
出してくるん
だろうよ

# 『大日本帝国憲法 vs. 日本国憲法』

| 大日本帝国憲法 | | 日本国憲法 |
|---|---|---|
| 1889年2月11日 | 公布日 | 1946年11月03日 |
| 国の元首、神聖不可侵 | 天皇 | 日本国民統合の象徴 |
| 天皇 | 主権 | 国民 |
| 制限付きの権利 | 人権 | 生まれながらにして持つ権利 |
| 成人男性に兵役義務 | 軍隊 | 戦争放棄、戦力の不保持 |
| 天皇の決定を国会が補佐する | 立法 | 国会が決定する |
| 天皇の補助機関 | 内閣 | 国会に対して責任を負う |
| 天皇の名による裁判 | 裁判 | 司法権の独立 |
| 制限選挙 | 選挙 | 普通選挙 |
| 兵役、納税 | 国民の義務 | 子どもに教育を受けさせる、納税、勤労 |

日本の憲法ってどんな特色があるの？

日本国憲法には最も大事な3つの原則がある。それが①国民主権 ②基本的人権の尊重 ③平和主義の3つなんじゃ。国民主権とは、国の政治を決める最終決定者が国民だということ。前の憲法（大日本帝国憲法）の時は、主権は天皇一人にあり、国民にはなかった。人権も前の憲法の時は制限されていたんだ。だから、政治的、思想的に国家の方針と異なる考えの人たちは、特高に捕まったりした。横浜事件や京大滝川事件などが有名。平和主義は、簡単に言えば日本は軍隊を持たないし戦争もしない、ということじゃ。

それじゃ自衛隊はどうなるの？

戦争に負けて、軍隊も解散していたんだけれど、1950年に朝鮮戦争が始まって、自国の安全を守るためにという理由で警察予備隊ができた。これが保安隊となり、さらに自衛隊創設へと進んだんじゃ。自衛隊が軍隊かどうか、ということは今でもずっと議論が続いているし、まさに憲法改正、9条をどう考えるのかが中核部分でもあるので、一人一人が考えてみないといかん問題じゃ。

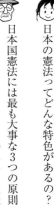

# 第4話 憲法改正の始動

## 【民政局の女性】

ベアテ・シロタ　22歳
5歳から15歳まで
日本滞在
アメリカのカレッジを
卒業して
タイム社の
記者を務め
日本に残した両親に
会うために
12月に来日して
GHQの民政局に勤務
あらァ！
ベアテさん！
まァ
恵子《けいこ》ちゃん!!
いつ日本へ？ご両親はお元気？

# 【男尊女卑の国】

恵子ちゃんは あれから どうしたの？
ベアテ さんは 戦争前に アメリカに 行ったン だよね
私は 女学校を 卒業して すぐ結婚
プルプル～
ご主人は？
2か月前に 戦争から 戻って来た
お子さんは？
まだ いない のよ それで姑《しゅうと》に いじめられ ているの…
それに 今の 世の中を 見ていると
生まれて くる子に 責任が持て そうにないのよ
…………
…………
日本は 男尊女卑 だから 大変よね

## 【憲法研究会・憲法草案要綱完成】

**民間の憲法草案**…1945年の末から、民間からも憲法改正草案が発表され始める。その中で、憲法研究会が公表した「憲法草案要綱」はGHQの考える路線に近いものであった。(74ページ参照)

# 【民主主義】

…………
…………
民主主義をよく理解している!!
驚いた!
はい!
戦争が終わってまだ…
4か月しかたっていないのに…
憲法草案
憲法研究会
このような考えを持つ日本人がいたのか…!!

## 【極東委員会創設】

本国からの連絡が入りました！
なんて言ってきた!?
日本占領を遂行するための
連合国の組織である極東委員会と対日理事会の創設が決定したそうです!!
極東委員会
アメリカ・ソ連・イギリス
中華民国・オランダ・オーストラリア
ニュージーランド・フランス・カナダ
フィリピン・インド
の11ヶ国
ピタッ
なに…!?
オレに指図する委員会ができるのか…!?

## 【役　割】

極東委員会の役割は
日本に降伏条項を完遂させるための
政策と基準の作成のほか
参加国の要求があれば…
連合国軍最高司令官の発令する
指令や措置について
委員会が決定した政策に関するものも含めて
検討を行なうというものです!!
パキッ

## 【その日までに】

## 【政府の改正案は!?】

## 【幣原首相GHQへ】

先輩ッ
なんだ山田 そんなに息を切らして!?
幣原首相が マッカーサーと会見するようですッ
いつ どこで!?
1月24日 GHQで!!
ズルーッ
ハァハァ


## 【何を話す？】

1946年１月24日(木)
キキー
だれも来なくてよろしい
首相は いったい…
マッカーサーに 何を話すんですかね!?
しかし…
なぜ この時期に!?

元帥から頂いたペニシリンで…
風邪も治りました
それはよかったです
…………
おっしゃりたいことがありそうですね
何も遠慮することはありませんよ

元帥
天皇制を維持することにぜひとも協力をお願いしたい!!
…………
…………
…………
…………
…………
…………

……
……
わかりました
協力して努力してみましょう！
……

カチャ…
戦争放棄の条項では日本は軍事機構を一切持たないことを加えたい…!!

…………
軍隊を持たない……と
言うことですか…!?
そうです!!
そうすれば旧軍部が 再び権力を握るような手段を未然に打ち消すことができ
日本が再び戦争を起こす意思のないことを世界に納得させることができます!!
…………………!!

私が……長年情熱を傾けた夢は
国際間の紛争解決のための…戦争をなくすことでした
日本は貧しい国です
軍隊に予算をつぎ込む余裕はありません
残されている資源を すべて経済再建に充てるべきなんですッ
軍隊を持たない……

元帥…！世界は私たちを非現実的な夢想家と笑いあざけるかもしれません
しかし百年後には私たちは予言者と呼ばれますよ

## 【憲法改正案の提出日は？】

**枢密院**…天皇の最高諮問機関。1888年に設立、日本国憲法施行に伴い、1947年に廃止される。内閣から独立した機関として、大日本帝国憲法草案を審議した。「憲法の番人」とも呼ばれた。

## 【同じ頃】

オーストラリアとニュージーランドは
天皇を戦犯にしろと強硬だ……
日本国民の自由意思によって
決定する憲法改正こそ……
天皇制維持の切り札だ!!
日本政府の改正案はどうなっている!?
接触はしているのかッ!?

## 【26日まで…】

それが!
打ち合わせも相談もありません!!
……
ギュ
26日まで
一か月を切った…!!

# 『日本国憲法の原案の一つが憲法草案要綱』

有名な憲法研究会ってどういう人たちが作ったの？

マッカーサーが近衛や幣原に憲法改正を指示した時期、政府案とは別に民間でも憲法改正案に関する動きが多数あったが、この中で最も有名な草案が、憲法研究会による『憲法草案要綱』じゃ。

会の呼びかけ人は、元・東京大学教授で大原社会問題研究所所長の高野安三郎74歳。活動の中心となってまとめ上げたのは、民間で憲法史を研究していた鈴木安蔵41歳で、その他の当初メンバーは馬場恒吾（ジャーナリスト）、杉森孝次郎（早稲田大学教授）、森戸辰男（元東京帝国大学経済学部助教授、のちに文部大臣、広島大学学長）、岩淵辰雄（貴族院議員）、室伏高信（評論家）ら計七人じゃ。また、GHQの対敵諜報部E・H・ノーマンが憲法研究会の活動が始まる前に鈴木安蔵と会い、大日本帝国憲法の問題点を伝えていたんじゃ。

憲法研究会の草案は、民政局内でも高い評価を受け、この時点では、ほんの少し手を加えればすぐにでもGHQ案の草案として発表してもおかしくないほどのできばえだったといわれていたんじゃ。

その他にもいろんな草案があったんだね。

**〈憲法改正草案の一覧〉**

**政党別憲法改正案**

・共産『新憲法の骨子』
・社会『憲法改正要綱』
・自由『憲法改正要綱』
・進歩『憲法改正問題』

**民間案**

・高野岩三郎『日本共和国憲法私案要綱』
・清瀬一郎『清瀬一郎氏ノ憲法改正条項私見』
・布施辰治『憲法改正（私案）布施辰治案』
・稲田正次『憲法改正試案』
・憲法研究会『憲法草案要綱』
・大日本弁護士会連合会『憲法改正案』他

# 『マッカーサー・幣原会談で出た戦争放棄』

「戦争の放棄」って誰が考えたの？

第4話では幣原首相が発言したことになっているけど、そうするとおかしな事もあるんじゃ。

どういうこと？

GHQが作った憲法改正草案の説明を受けたとき（第7話）、その内容が今までの大日本帝国憲法や、政府が作成中だった改正案とあまりにもかけ離れていたことに松本、吉田、白洲の三人はびっくりするんじゃが、実は幣原自身がとても驚いて、なかなか閣議を開けなかったという事実がある。もしも幣原が戦争放棄のことを知っていたのであれば、すぐに閣議を開いて他の閣僚に説明をするはずなので、この時点で幣原は、戦争放棄のことを知らなかった、というほうがわかりやすい。また、幣原がマッカーサーと会談した当時、同じ内閣の大臣たちは誰もそのことを聞いていないという証言も多数あり、これも疑問を裏付ける。

なんだかわけがわからないよ……。

もう一つ考えられるのは、幣原の提案が「同盟国が他国から武力攻撃を受けたとしても日本から他国へ派兵はしないが、他国から日本が攻撃されたときは武力を持って追い払う」という意味だったのに、マッカーサーがそれを「他国から攻撃されたときにも武力を使わない（非武装）」というように決めた。それで、幣原がとても驚いたという可能性はあるんじゃよ。

でもマッカーサーはなぜそこまで武装しないということにこだわったの？

それは二度と戦争が出来ない国ということを確実なものとして発表したかったからじゃないかな。天皇に戦争責任をとらせようという国も連合国側にはいくつかあったので、そのために徹底した戦争放棄の条文が必要だったのかもしれないね。

# 第5話 マッカーサー・ノート

1946年2月1日(金)

憲法改正調査會の試案
立憲君主主義を確立
國民に勤勞の權利義務
千島、樺太はソ聯領
バーンズ 秘密協定を確認
議會に常置機關

毎日に 抜かれた かッ

しかし先輩 これは 調査委員会の 案とはまったく 関係ないと
松本大臣は 言って いまス!!

【理想がない】

【GHQの反応】

## 【2月2日(土)】

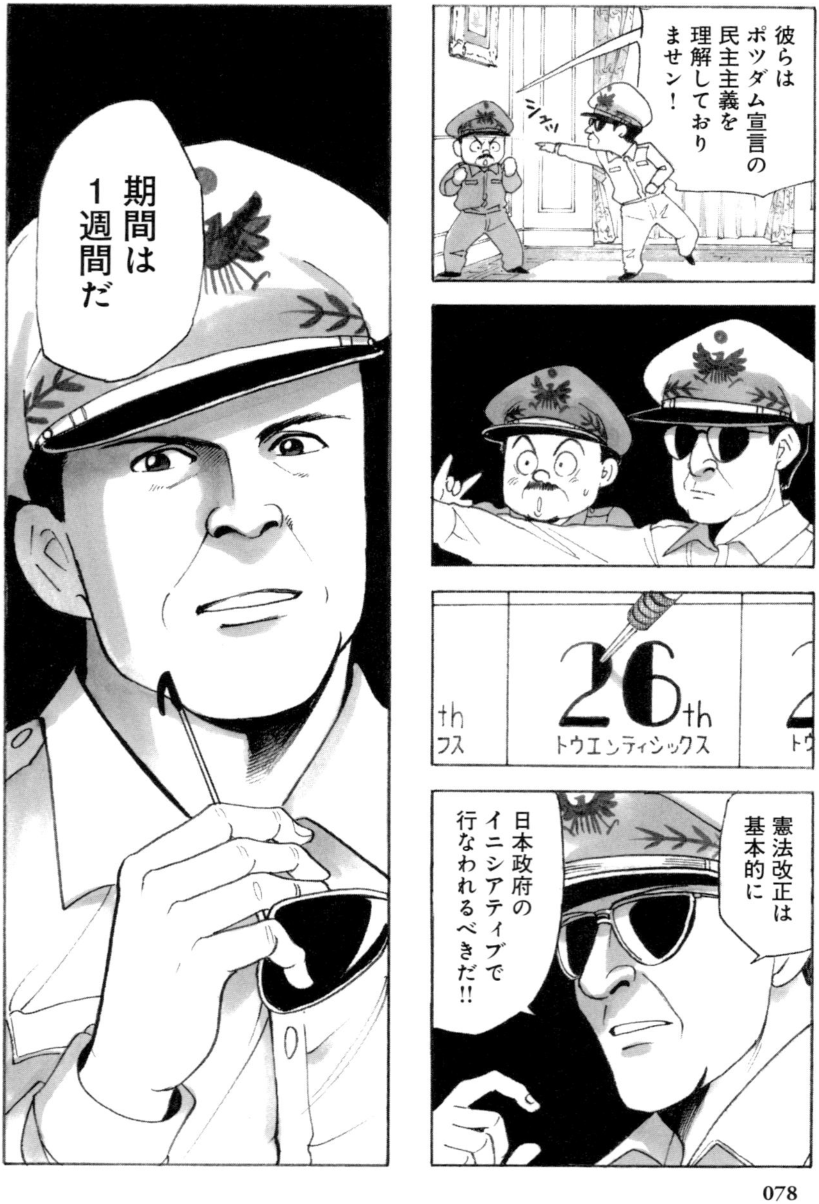

彼らはポツダム宣言の民主主義を理解しておりません！
シュッ
26th
トウエンティシックス
憲法改正は基本的に
日本政府のイニシアティブで行なわれるべきだ!!
期間は1週間だ

## 【2月3日(日)】

最高司令官は我われ民政局に
日本国憲法の草案を書くように命令を下された!!
ホイットニー
ケーディス
ハッシー
ラウエル

## 【3つの原則】

司令官は草案を作成するにあたって
3つの原則を書かれた!
これがそうだ!
こ…これだけですか?

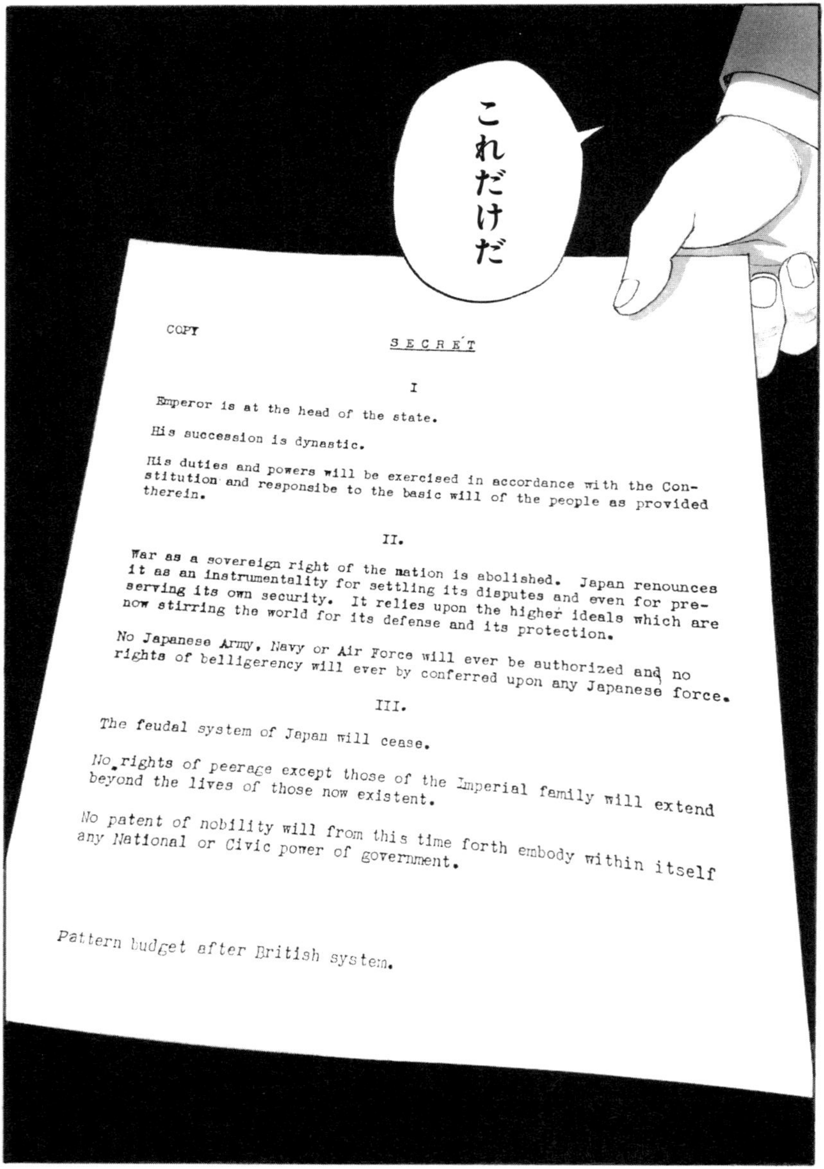
これだけだ
COPY
SECRET
I
Emperor is at the head of the state.
His succession is dynastic.
His duties and powers will be exercised in accordance with the Constitution and responsibe to the basic will of the people as provided therein.
II.
War as a sovereign right of the nation is abolished. Japan renounces it as an instrumentality for settling its disputes and even for preserving its own security. It relies upon the higher ideals which are now stirring the world for its defense and its protection.
No Japanese Army, Navy or Air Force will ever be authorized and no rights of belligerency will ever by conferred upon any Japanese force.
III.
The feudal system of Japan will cease.
No rights of peerage except those of the Imperial family will extend beyond the lives of those now existent.
No patent of nobility will from this time forth embody within itself any National or Civic power of government.
Pattern budget after British system.

I

Emperor is at the head of the state.
His succession is dynastic.
His duties and powers will be exercised in accordance with the Constitution and responsible to the basic will of the people as provided therein.

II

War as a sovereign right of the nation is abolished.
Japan renounces it as an instrumentality for settling its disputes and even for preserving its own security.
It relies upon the higher ideals which are now stirring the world for its defense and its protection.
No Japanese Army, Navy, or Air Force will ever be authorized and no rights of belligerency will ever be conferred upon any Japanese force.

III

The feudal system of Japan will cease.
No rights of peerage except those of the Imperial family will extend beyond the lives of those now existent.
No patent of nobility will from this time forth embody within itself any National or Civic power of government.
Pattern budget after British system.

I

天皇は国のヘッドの地位にある。
皇位は世襲される。
天皇の職務及び権限は、憲法に基づき行使され、憲法に示された国民の基本的意思にこたえるものとする。

II

国家の主権としての戦争は廃止する。
日本は、紛争解決の手段としての戦争も、自己の安全を保持する手段としての戦争も放棄する。
日本は、その防衛と保護を、今や世界を動かしつつある崇高な理想に委ねる。
日本が陸海空軍を保有することは、将来も許されることがなく、交戦権が日本軍に与えられることもない。

III

日本の封建制度は廃止される。
華族の権利は、皇族を除き、現在生存する一代以上には及ばない。
華族の地位は、今後、国または地方のいかなる政治的権力も伴うものではない。
予算の型はイギリスの制度を手本とする。

## 【その夜】

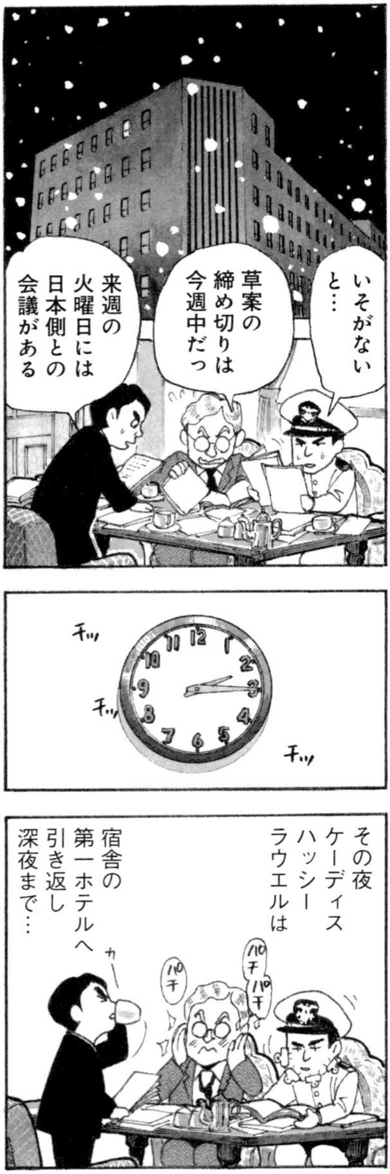
いそがないと…
草案の締め切りは今週中だっ
来週の火曜日には日本側との会議がある
チッ
チッ
チッ
その夜ケーディスハッシーラウエルは
宿舎の第一ホテルへ引き返し深夜まで…
カー
パチパチ
パチ

## 【運営委員会】

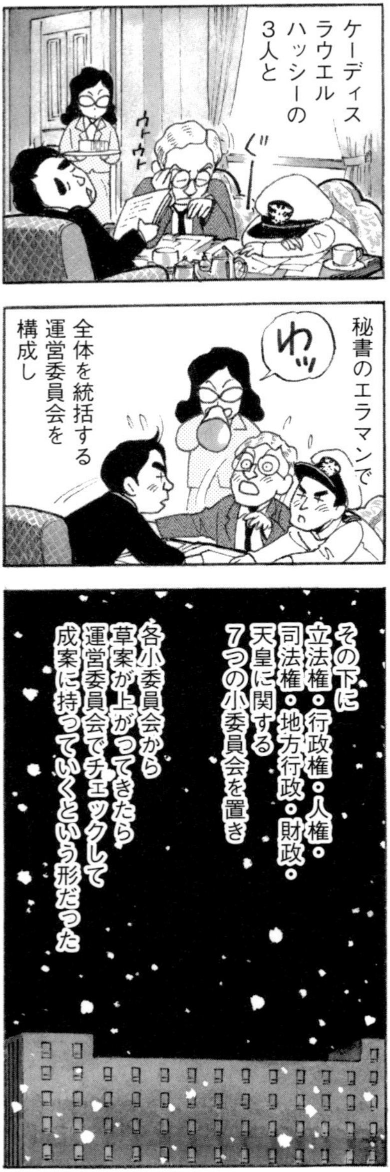
ケーディスラウエルハッシーの3人と
ウトウト
ぐー
秘書のエラマンで
わッ
全体を統括する運営委員会を構成し
その下に立法権・行政権・人権・司法権・地方行政・財政・天皇に関する7つの小委員会を置き
各小委員会から草案が上がってきたら運営委員会でチェックして成案に持っていくという形だった

# 【マッカーサーのメモ】

おじいちゃん
マッカーサーの3つの原則ってどんなものだったの?
……1つは
天皇は国のヘッドであること
ヘッド…?
頭…つまり一番上という意味ね!!
天皇の職務及び権限は憲法に基づき行使され…
憲法に示された国民の基本的意思にこたえるものとする
2つ目は
国権の発動たる戦争は廃止する
国権っていうのは
国家権力のことです

## 【放棄……】

日本は紛争解決の
手段としての
戦争も
自己の安全を
保持する
手段としての
戦争も
ドドドド
バリバリ
ダダダダ
放棄する
……!!
戦いません!
ほうき


## 【さらに…】

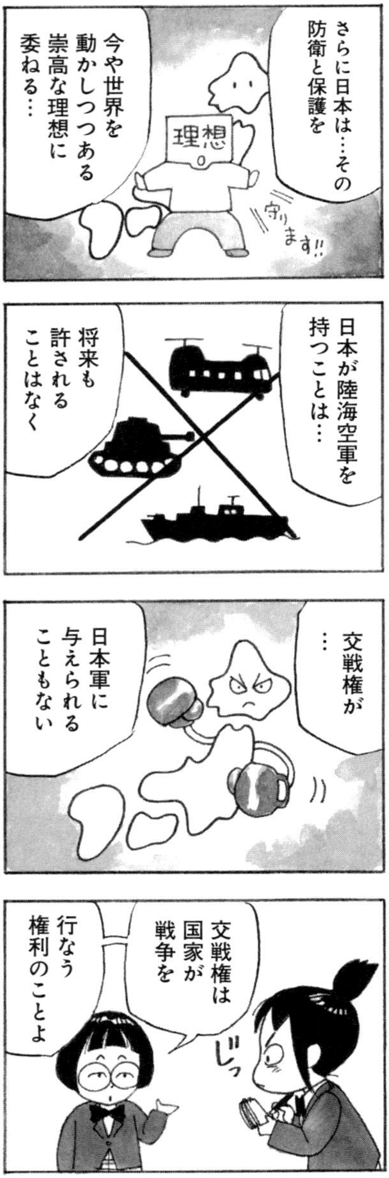

さらに日本は…その
防衛と保護を
今や世界を
動かしつつある
崇高な理想に
委ねる…
理想
守ります!!
日本が陸海空軍を
持つことは…
将来も
許される
ことはなく
交戦権が
…
日本軍に
与えられる
こともない
交戦権は
国家が
戦争を
行なう
権利のことよ
じっ

## 【まだ続く…】

3つ目は
日本の封建制度は廃止される
封建制度…
まァ当時こんな
構造があったんじゃよ
天皇
貴族
華族
士族
平民
華族の権利は
皇族を除き現在生存する一代以上には及ばない


## 【まだまだ続く…】

華族の地位は
今後どのような国民的または市民的な政治権力も伴うものではない
あと予算の型はイギリスの制度に倣《なら》う
ぐいっ
………
それで！おじいちゃん
いたーい
じゃま
毎日新聞のスクープがマッカーサーに火をつけたのね

## 【スクープ？】

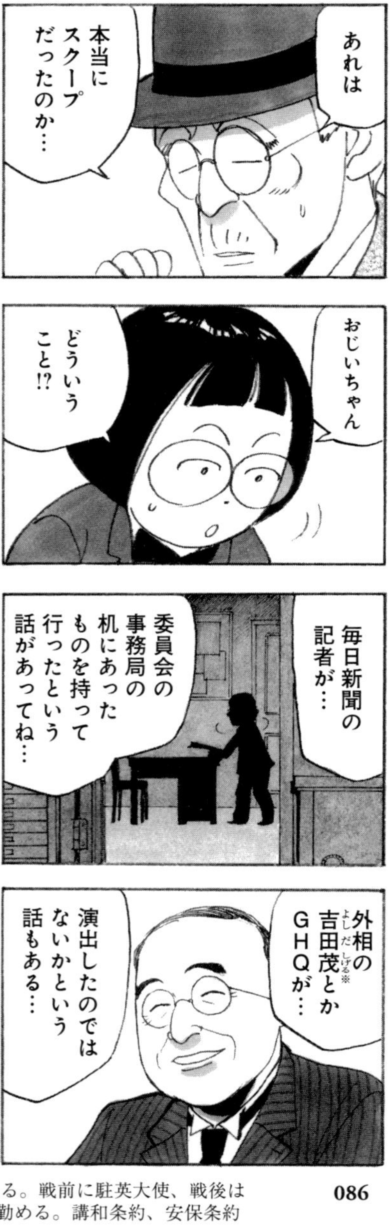

あれは
本当にスクープだったのか…
おじいちゃん
どういうこと!?
毎日新聞の記者が…
委員会の事務局の机にあったものを持って行ったという話があってね…
外相の吉《よし》田《だ》茂《しげる》※とかGHQが…
演出したのではないかという話もある…


## 【記事が出なかったら】

あの記事が出なかったら
憲法はどうなっていたのおじいちゃん？
あちょー
………
GHQの対応が遅れ中・ソ・豪なども参加した
極東委員会の憲法制定への関与は強まり
象徴天皇制ではなく天皇制廃止へ進んだ可能性もあった……
極東委員会
アメリカ
GHQ
日本政府
日本国民


**吉田茂**（1878-1967）…外務官僚を経て政治家になる。戦前に駐英大使、戦後は幣原内閣の外相に抜擢され、その後首相を五期勤める。講和条約、安保条約を締結した。

【神風…!?】

そうなったらマッカーサーの…
思いがなくなってしまうね
米国の主導権はすでに確立されており
大勢に影響はない……という見方もあったが
マッカーサーにとってみれば……
2月26日という日程が 頭をよぎったのは
事実だろうね……
今になって思えば…
神風だったのかもしれないね…
神風か……

まんがちゃんのそうなんだ！ 7

# 『草案を作った民政局の人たち』

ＧＨＱの民政局って何をするところなの？

ＧＨＱの幕僚部にある12部局の内の一つで、占領政策の中心である日本の民主化の進展を担ったんじゃよ。民主化を進めるための一番大事な政策が憲法改正で、25人のスタッフが全力でこの改正をやり遂げたんじゃ。

作った人たちは全員軍人さん？

もちろん、軍隊に所属しているから軍人だけれど、法律の専門家だった人が多いんじゃ。軍隊に入る前は弁護士だったという人もいた。

どんな人たちがいたの？

ほとんどの人がアメリカのエリート校であるハーバード大学やスタンフォード大学などの出身で，弁護士や法律専門家、大学の教員や下院議員であった人もいた。

とっても優秀な人たちだったんだね。代表的な人たちを紹介してくれる？

全体のリーダーは、ホイットニー准将。ケーディス陸軍大佐は第6話の中で説明したよ。ラウエル陸軍中佐の本職は弁護士。スタンフォード大学で博士号を取得し、15年以上企業や団体の顧問弁護士を務め、その後は行政で法律顧問をしている。憲法については他のメンバーより大分早い時期に、１９４５年の年末から憲法研究会の草案を分析して、高い評価を与えている。ハッシー海軍中佐も弁護士で、草案の前文を一人で書いている。ハーバード大学の民事要員訓練所で日本語や大日本帝国の独裁体制などを学んでいたんじゃ。

ところでＧＨＱっていつまで日本にあったの？

１９５２年4月28日にサンフランシスコ講和条約が施行されたが、その日に活動は終了しているんじゃ。しかし、実質的には今も駐留している在日米軍にその活動は引き継がれていると言えるな。

## 民政局の組織図
（1946年2月3日時点）

**連合国軍最高司令官**
ダグラス・マッカーサー元帥

**民政局長**
コートニー・ホイットニー准将

**運営委員会**
チャールズ・L・ケーディス
陸軍大佐（戦争放棄執筆）

アルフレッド・R・ハッシー
海軍中佐（前文執筆）

マイロ・E・ラウエル陸軍中佐

ルース・エラマン

**立法権に関する小委員会**
フランク・E・ヘイズ陸軍中佐
ガイ・J・スォープ海軍中佐
オズボーン・ハウゲ海軍中尉
ジェルトルード・ノーマン

**行政権に関する小委員会**
サイラス・H・ピーク
ジェイコブ・I・ミラー
ミルトン・J・エスマン陸軍中尉

**人権に関する小委員会**
ピーター・K・ロウスト陸軍中佐
ハリー・E・ワイルズ
ベアテ・シロタ

**司法権に関する小委員会**
マイロ・E・ラウエル陸軍中佐
アルフレッド・R・ハッシー海軍中佐
マーガレット・ストーン

**地方行政に関する小委員会**
セシル・G・ティルトン陸軍少佐
ロイ・L・マルコム海軍少佐
フィリップ・O・キーニ

**財政に関する小委員会**
フランク・リゾー陸軍大尉

**天皇・条約・授権規定に関する小委員会**
リチャード・A・プール海軍少尉
ジョージ・A・ネルソン陸軍中尉

**秘書**
シャイラ・ヘイズ
エドナ・ファーガソン

**通訳**
ジョセフ・ゴードン陸軍中尉
I・ハースコウィッツ陸軍中尉

# 第6話　一国の憲法を1週間で!!

2月4日(月)　1日目　GHQ民政局

紳士淑女諸君！今日は憲法会議のために集まってもらった!!
今日から民政局は日本の憲法草案を書くという作業をすることになるッ

現在進行中の日本政府の憲法改正案は総司令部としては受け入れられないものだ
なぜなら民主主義の根本を理解してない案だからだ!!
そこでポツダム宣言の要求とマッカーサー元帥の指令に沿った 憲法のモデルを我われで作ることになった!!
今週中に草案を書き上げるのだッ
草案を完成させマッカーサー元帥の承認を得たら
マッカーサー元帥はこの憲法を日本人によって作られたものとして受理し
世界に公表することになる!!
今週中ですか!?

勉強できない生徒の答案を先生が書いてその生徒に渡し
それをその生徒の答案として認め
及第点を与えるというもの…
それも一国の憲法を1週間で…!!
国連憲章の諸原則は
我われが憲法を起草するにあたって念頭に置かれるべきである
もう一つは SWNCC－228の原則に立つことだ!!
SWNCC－228とは1946年1月7日に国務・陸軍・海軍三省調整委員会(SWNCC)が情報として「日本の統治体制の改革」の指針をマッカーサーに伝えた文書
憲法に関してかなり詳細に書かれていてマッカーサー・ノートと合わせて 憲法改正の二本柱といえる

組織と担当者はケーディス大佐が発表する
最高司令官マッカーサー元帥
民政局長ホイットニー准将
運営委員会 私ケーディス ハッシー ラウエル エラマン
立法権 司法権 人権……の７つの委員会と前文 秘書…通訳
草案を書くにあたって構成・見出しなどは現行の大日本帝国憲法に従うので…
できる限り日本流の術語と形式を用いること
我われの草案は日本政府によって書かれたものとして発表される！
だから彼らの表現を用いていなければ 疑いの目を持たれるだろう

作業はすべて秘密裡に行なわれなくてはならない！
仮草案はこの週末までに完成させなければいけない!!
いいなッ
イエス・サー!!
【人権小委員会メンバー】
民政局室内
ワイルズ
ピーターロウスト
ベアテシロタ

## 【女性の権利を】

ベアテ
あなたは
女性だから
女性の権利を
書いたら
どうですか!?
書きます!!
女性の権利について
憲法で詳しく
書いておかなければ
ならないと
思います
後で民法を
書く人は
男性でしょう
ワイルズさんも
私も 日本での
生活が
あるから
人権抑圧の
実態は
知ってます!

## 【なんだ…!?】

元帥の
3原則には
人権に関しては
何も書いていない
だからいろんな憲法を
参考にしてほしい
ドサッ
なんだ
……!?

【張り込み】

今の女性何を借りたのですか？
あなたは？
こういう者です
毎朝日報の山田征夫《まさお》…
ジロ ジロ
ワイマール憲法フランス憲法スカンジナヴィア諸国の憲法などですが…
何か話してませんでしたか？
ほかの図書館の場所を聞いていましたよ
……
……
スタスタスタ
憲法の本を借りて何かしようとしているのか……!?
アンパン

【まさか…】

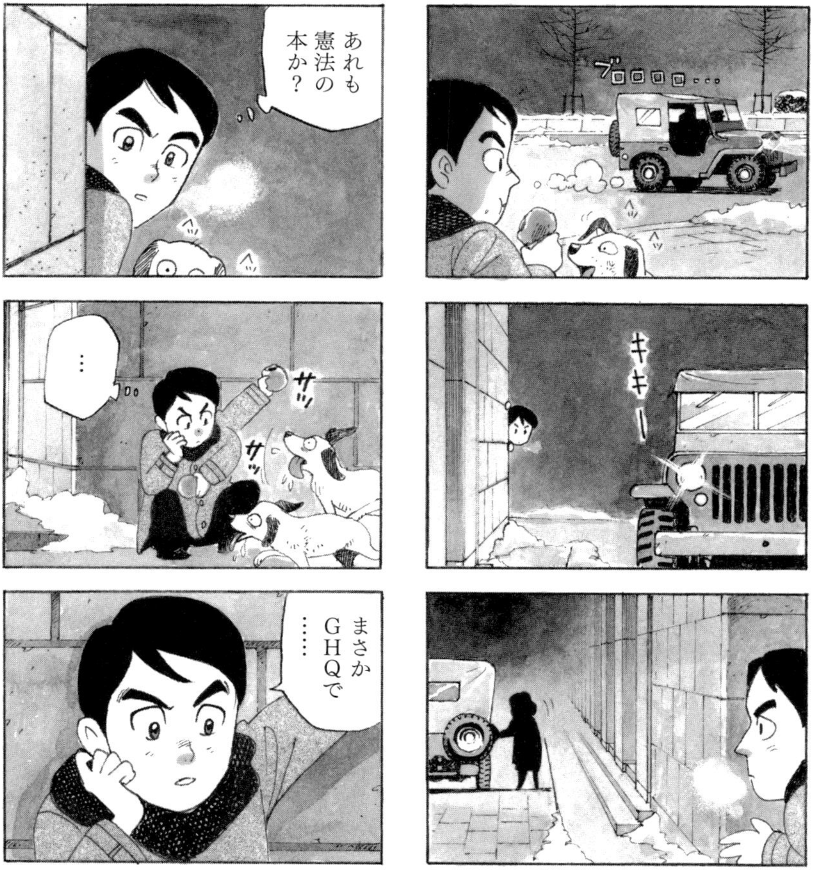

ブロロロロ
キキー
あれも憲法の本か？
サッ
サッ
…
まさかGHQで……
バクッ
憲法改正案を作っているのでは…!?

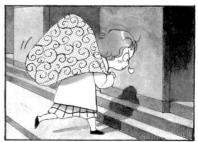

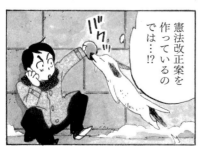

## 2月5日(火)　2日目

### 【時間を忘れて】

ドサッ
ワイマール憲法
ソビエト憲法
フランス憲法
ポツダム宣言
ドサッ
チチチ

チャールズ・L・ケーディス大佐でGHQ民政局次長。憲法草案作成の中心的役割を担い、事実上取り仕切った運営委員長。戦争放棄の条文を担当した。
国連憲章の諸原則は我われが憲法を起草するにあたって念頭に置かれるべきである
他の2項は方針だけを示しているのに…
この戦争放棄の条項は定義の哲学が包含されたかなり推敲された文になっている…

# 【削除と挿入】

自衛権の放棄は現実離れしている
自己の安全を保持するための手段としての戦争も…
ここは削除だ
国家に固有の自衛権を否定するようなことを憲法上に明記するのは…
非合法で不適当である
…………
武力による威嚇…
または武力の行使は……を挿入しよう
この文章は「国連憲章」第2条4項にある文と一緒である
…………
カチャッ

# 【天皇小委員会メンバー】

GHQ民政局
ネルソン
リチャード・プール
海軍少尉26歳
昭和天皇と
誕生日が同じ
祖先は初代の
函館総領事で
歴代日本生まれ
彼も横浜生まれで
6歳まで日本在住
いとこの話です
けどね…
子供のころ
天皇の車が通る時
日本人はみんな深く
頭を下げて
顔を直接見る
ことはしなかったん
ですが……
いとこは頭を
上げたまま
手を振ったん
です
そうしたら
天皇陛下も
にっこりと
手を振って
応え
られたん
だそうです
この話を聞いて
いい人柄なんだと
いう印象を
持っています

# 【天皇の役割】

昨日ケーディス大佐は主権は国民の手にあることを強調しなければいけない……
国民主権
天皇の立場は社交的君主の役割のみと
されるべきだと指示された
天皇
社交的君主
天皇が持つ大権を軍部に利用されていました
天皇大権の内容
①緊急勅令
②外交権
③戒厳令
④統帥権
…
軍人が内閣総理大臣を経由せずに 軍事的な国家方針を遂行できる
大日本帝国憲法こそが諸悪の根源ですね!!
しかし天皇制を廃止するのは…
元帥の考えではない…!!
今年の正月に天皇の人間宣言※がありました
天皇の地位はどのようなものであればよいかという国民の考えも変わってきているはずです


**人間宣言**…1946年１月１日の詔書(天皇の発する公文書)で、五箇条の御誓文に言及した後に、天皇は現人神(あらひとがみ)ではない、と発表された事を指す。

## 【天皇の存在】

天皇は新しい存在として護られるけど
神格化された天皇制をなくすということか…!?
マッカーサー・ノートには……
天皇は国のヘッドと書いてある
SECRET
COPY
Emperor is at the head of the state.
His succession is dynastic.
ヘッドですか……
天皇は国を支配する権力は持たなくても
国民から尊敬される存在になればいいのでは!!
チッ
チッ
チッ
チッ
こちらも時間を忘れて……

## 2月6日(水)　3日目

カチャ
カチャ
カチャ
カチャ
子供のころに見てきたこと
ベアテ5才
カチャ
カチャ
カチャ
お手伝いさんから聞いたこと
妻は外に出たら夫の数歩後を歩くこと
お金がないと娘は売り飛ばされること
結婚した女性は自分から離婚を要求することができないだけではなく
相続権も財産権もないこと
結婚も見合で自分で決められないこと

## 【思いの丈を】

学校にも行かず重労働している子供
寒い家で震えている子供たちのこと…
子供が搾取されることがないように…
誰でも…お医者に診てもらえるようにすることも…
書かなければ……
カチャ カチャ
カチャ カチャ カチャ
カチャ カチャ カチャ
恵子ちゃんが苦しむ姿を見たくない
カチャ カチャ カチャ
女性の権利について詳しく書いておかなければ
……
カチャ カチャ
カチャ カチャ
安心して子供が産める日本にしなくては…

2月6日の午後
天皇小委員会の
プールとネルソンは
運営委員会の
ケーディス大佐に
原案を提出し
会合が行なわれた
運営委員会としては
天皇の有する権限を
厳重に制限して
おくこと…
および天皇は
装飾的機能のみを
有する旨を…
疑いの余地のないほど
明白にしておくことを
改めて強調しておく!!
それでは第1条から
検討していこう

第1条の主権の問題は前文にあるから触れるべきではないとバッサリ第1条の始めの2行をカットする
「皇位」という言葉を「天皇」にするなど修正やカットを話し合う
この小委員会では憲法改正の条項の草案も作成されていた
東
市場
憲法改正について厳重な制限をつけているね…
10年間は改正を許さないこと国会の3分の2以上の提案で発議され国会の4分の3以上の多数を得ねば承認されない……
…とあるが反対だ!!
後世の日本国民の自由意志を奪うことになるよ憲法を保護するために
このような制限をつけるのは良くない!!
まだ……

日本国民にはまだ民主主義の運用はできないと思います
10年間改正を禁止すれば国民は新しく獲得した民主主義を学んでいる間に…自分たちで自主的に運用する技術を失ってしまうことを防ぐことができます
憲法は相当に永続性のある文章であると同時に…
弾力性のある文章でなくてはならない！
改正手続きは複雑であってはならず簡明である必要がある！
憲法改正は国会が総議員の３分の２の賛成によって発議し
選挙民の過半数以上の賛成によって承認されるものとしたらどうだろうか!?
…………
日本人の民主主義の理解度に対して不安が残りますが…
再検討してみます!!

【上　奏】　　2月7日(木)　4日目

松本大臣！今日皇居に参内したのは
陛下にお会いしたのですかッ!?
憲法改正試案を陛下に上奏した
閣議決定されたのですかッ!?
2月1日のスクープと同じものですかッ!?
いや！違う案だ
政府案ではなく…
松本試案として上奏されたのですねッ
そういうことだ!!
毎朝日報政治部
閣議決定を経ずに上奏しているのは……
おかしいのでは…!?
政府はGHQの内諾がなければ何も決定できないんだよ
上奏したということは…
近いうちに憲法改正案をGHQに提出するのだな……

## 2月8日(金)　5日目

2月8日
日本政府から
「憲法改正要綱」が
GHQに届いた
2月1日に
毎日新聞に載っていたのと
ほぼ同じ内容だった

## 【GHQの動き】

山田！
何か
GHQに
動きは
あるか⁉
遅くまで
GHQの
6階の部屋に
明かりが
ついていて
扉は厳重に
警護されて
います
まさか
憲法を作って
いるンじゃ
ねえだろうな
……⁉
……
……

## 【激しいバトル】

人権小委員会と運営委員会との打ち合わせが始まった…
ベアテ！
君の書いてきた条文は憲法に入れるには細かすぎるよ
私はどうしても女性の権利と子供の保護を
憲法に詳しく書いておかねばと……
ケーディス我われには日本を作り替える責任があります
その一番の近道は 憲法を通じて 社会の形を一変させることです！
ワイルド
法によって他の国に新しい社会思想を押しつけることは…
不可能だよ!!
今の日本では女性は動産に等しく！
親は娘を売りに出すことができるンですッ
人権侵害は日本では日常的に存在します
民権という単語はありますが人権という日本語はまだないのです!!
日本女性には人権など存在しないンです
だからきっちりと憲法に書くべきですッ

【眼が覚めた】

それで…
ケーディスさんは…
なんと!
ガシッ
社会立法に関する
細々とした規定は削除して…

【条文カット】

社会保障制度を設けるという…
一般的な規定のみを置くべきだと……
社会保障
ベアテさんの条文を
次々と…カットしていったんじゃ…
わあ〜っ
わ〜〜〜ん
わ〜〜〜ん
ええ〜〜〜ん
ええ〜〜〜ん
不幸な日本女性が増えていく〜〜〜ぅ
おぉー

【ボケちゃった】

それは……
ウンウン
忘れちゃったの…？

【それは……】

その時のベアテさんの条文って
どんなもの…
わーん
えぇ～ん
えぇ～ん
うるさいまんが！
ピタ…
おじいちゃんどんなものだったの？
すごすご
それは……

# 【ベアテさんの条文】

ゴソゴソ
え〜〜〜
少し…
早口でしゃべるから…
聞きのがさないように…
はい！
妊婦及び……
育児中の母親は
既婚未婚を問わず…
国の保護を受ける…
ノロノロ
嫡出でない子は
法律上差別を受けず…
嫡出子と同一の…
権利及び機会が与えられる…
ノロノロ
あの…おじい…
夫と妻の同意がない限り 子が他の家族の養子とされることがない…
長子相続権は廃止！
学校は民主主義の基本と…
自由と平等正義…
義務について教育すること…
児童は医療・歯科・眼科の治療が無料で受けられる！

【必要なこと】

【なんでカットを】

## 2月9日(土)　6日目

週末までに
第一稿を書き終える
という作業は…
人権小委員会と
地方行政小委員会を
残して
運営委員会との
打ち合わせも終わり
条文を確定する
段階に入っていた…
BACK SPACER
法律は支配者の
都合や運用する
人によって
違った方向に
動く…
そのために
泣く人が
出ないように
しなくては…
カットされた
女性の権利は
いつの日か
実現されることを
願って……
カチャ カチャ カチャ
カチャ
カチャ
カチャ
カチャ
advice
be responsible

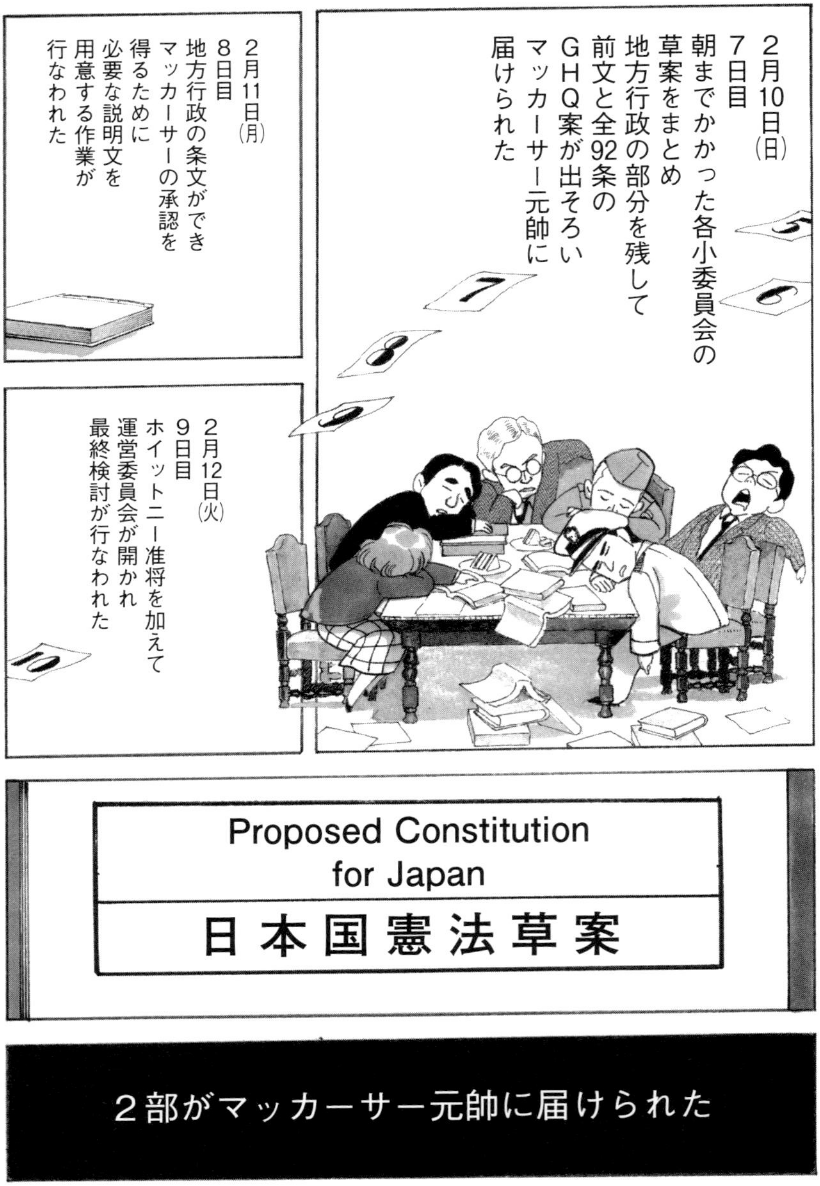

2月10日(日)
7日目
朝までかかった各小委員会の
草案をまとめ
地方行政の部分を残して
前文と全92条の
GHQ案が出そろい
マッカーサー元帥に
届けられた
2月11日(月)
8日目
地方行政の条文ができ
マッカーサーの承認を
得るために
必要な説明文を
用意する作業が
行なわれた
2月12日(火)
9日目
ホイットニー准将を加えて
運営委員会が開かれ
最終検討が行なわれた
Proposed Constitution
for Japan
日本国憲法草案
2部がマッカーサー元帥に届けられた

## 【自　信】

2月12日毎朝日報政治部

# 『日本を愛したベアテ・シロタの尽力』

憲法改正の作業に関わった人の中に女性はいたの？

六人いた。全体を統括する運営委員会には後にハッシー中佐と結婚したルース・エラマン。ワシントンで経済関係の行政機関にいて、大変優秀なビジネスウーマンだった。運営委員会の秘書役を一人でこなし、信頼性の高い記録を残している。

民政局25人のメンバーのうち最年少だったのがベアテ・シロタ。当時22歳だったんじゃ。彼女は在日年数が長く、日本語がよく出来た。そこで民生局員として抜擢された。

なんで日本暮らしが長かったの？

父親がウクライナ出身のロシア系ユダヤ人ピアニストでレオ・シロタといい、世界中を演奏旅行していたんじゃが、作曲家の山田耕筰（「あかとんぼ」「からたちの花」等で有名）から日本公演を依頼され、１９２８年、東京へ家族でやってきた。そのときにベアテも5歳で来日したことになる。

ベアテさんはずっと日本にいたの？

日本にいる間になんと6カ国語を習得し、16歳でアメリカに戻って、ミルズ・カレッジを卒業、リサーチャー（記事の素材収集）という仕事につくんじゃ。これが憲法改正草案作成時、各国の憲法を集めることに役立ったんじゃ。戦争に勝利した後、日本語の話せる人間として日本行きを志願、１９４５年の12月に再び来日、マッカーサーと同じく厚木飛行場に降り立った。ずっと連絡の取れなかった家族との連絡もつながった。

ベアテさん、よかったね。ようやく離ればなれの家族と会うことが出来たんだ。

ベアテは正規のスタッフとして憲法改正草案作成に取り組んだ。長い間日本で生活した経験があるので、日本人の暮らしについても理解を深めてたんじゃ。なかでも、女性の権利が著しく損なわれていることに心を痛めていた。自分の日本での見聞から、憲法の中にぜひとも女性の権利を書かなければならないと思っていた。

なんでベアテさんはそんなに日本の暮らしに詳しいの？

シロタ家は来日した当初からお手伝いさんを雇っていたんじゃ。小柴美代さんといい、沼津の貧しい漁村から奉公に出され、シロタ家にやってきた。女性の地位の低さは、この美代さんから毎日のように聞かされていた。妻は、夫から見れば「おんな、こども」とひとくくりに言われるような保護すべき対象であって、対等な権利者ではないと見なされていたんじゃ。

そんな、ひどい……。

こんな状況を聞いていたからこそ、ベアテは世界中の先進的な憲法を参考にして人権条項を作成し提出した。しかし、憲法の条文としては細かすぎるとして、ほとんどがカットされてしまったのが実情じゃ。

　ただ、今の憲法をよく見ると、第14条1項、第24条1項、2項などベアテの意志が活かされているものもちゃんとある。

　ベアテは１９４７年にアメリカに戻り、民政局の通訳として活躍したジョセフ・ゴードンと結婚する。その後は、日本を含む世界の民俗芸能をアメリカに紹介する事業に携わっているんじゃ。

ベアテさんは自分が日本国憲法作成に関わったことをどう思ったのかな？

ベアテ自身は、長い間、自分が憲法草案作成に関わったことを公表していなかったんじゃ。それは、若い自分が関わったことが、憲法改正の論議に利用されるのではないか、と思っていたからなんじゃ。しかし、高齢になった元上官のケーディス大佐から、女性の人権について関わったことを公表するように勧められ、少しずつ語り始めた。その後、日本で多くの講演活動を開始、著書も刊行して、日本の女性の地位向上に力を振るったんじゃよ。

最後まで、日本の女性たちのためにがんばってくれたんだね。

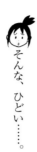

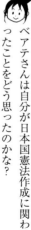

# 第7話 GHQ草案と政府の攻防

運命の2月13日(水)　外務大臣官邸

【張りつめた糸】

【糸がほぐれる】

## 【受け入れない】

## 【GHQ草案提出】

最高司令官は日本の情勢が必要としている諸原理を実現すべきものとして
この草案をあなた方に示すよう私に命じました!!

前文とはなんだ!?
文学書みたいなことが書いてある!?
天皇はシンボルとあるが…
シンボルってなんだ!?
戦争放棄も書いてあるし
国会は一院制になっている!?
土地と天然資源は国有であると記されているッ
日本は…共産主義国になるのか!?
これは…とても駄目だ
こんなものを即答することはできない……

GHQ草案の内容はわかったが我われのものとは違うので
総理大臣の意向を聞かなければ
返答はできない!!
くわっ
最高司令官は天皇を戦犯として取り締まるべきだという他国からの圧力に抗して天皇を断固守ってきました
そうすることが正当であり正義にかなうと考えたからです今後もそうするでしょうしかし最高司令官と言えども万能ではありませン!!

最高司令官はこの草案が受け入れられれば事実上天皇の地位は安泰になると考えております!!
…………………!!
最高司令官はこの草案を最高司令官によって完全な支持を受けた案として
あなた方が国民に示されることを伝えるよう 私に指示されました!!
この案に示された諸原則をあなた方が国民に示すことを最高司令官は確信しております!!

もし！あなた方がそうなさらなければ…
最高司令官が自分でそれをなさるでしょう!!

## 【遅　い】

日本政府は
まったく
GHQの
憲法作成を
知らなかっ
たンだね
マスコミも
わから
なかった……
憲法に関する
新聞記事が出た
のは…
3月に
なって
からじゃ
……
遅い！
なんで!?
どうして!?

## 【なんとしても】

マッカーサーも
極東委員会
のことで
きっと
危機感を
持っていて
なんとしても
2月26日までに
憲法草案を
作らなければと
思っていたンだ
おまわりさーん
高校生が
パイプ
すって
ますよ
ー

松本大臣は1954年の自由党憲法調査会でホイットニーの発言
「GHQ草案を受け入れなければ天皇の身体の保障はできない」
それを…脅迫したものだと語った……
これをきっかけに「押しつけ憲法」という言葉が一気に……広がったンじゃ
もしこれで…受け入れなければ極東委員会による憲法を日本は受け入れなければならない
可能性もあった……
GHQ草案が幣原首相以外の閣僚に知らされたのは
2月19日でした
………

20日中…２月19日に白洲次郎がGHQを訪れ、回答を22日までに延期するようホイットニー准将に願い出て了承された。

草案を容認しなければ天皇制を維持できず
日本は絶好のチャンスを失うだろう!!
…………
………!!
ぐっ
わかりました閣議に諮《はか》って明日 回答いたします

2月22日(金)
閣議
日本国憲法草案はGHQ草案を基にしなければならない！
その際国民主権象徴天皇制戦争放棄が基本原則になる！
このような認識から出発しなければさらに日本は何かを失ってしまう…
松本試案から決別しなければいけないということですね！
そうだ！大日本帝国憲法を改正するのではなく
GHQ草案を基に 憲法改正案を作るのだ!!
GHQ草案に対する日本側の起草案の担当者は松本烝治国務相に決まった

入江《いりえ》俊郎《としお》法制局次長と
佐藤《さとう》達夫《たつお》※法制局第一部長の
二人が案文作成に協力
GHQ草案の翻訳ではなく
日本の慣行などに沿った
書き替えをして
日本化していく作業だった
前文を削除し
「国民主権」を
「日本国民至高の総意」と
あいまいにし
人権条項は
「安寧秩序を妨げざる限りにおいて」
あるいは「法律の範囲内」と留保をつけた
大日本帝国憲法とほとんど変わらないものへと
修正して行った

GHQから
矢のような
催促があり
3月2日(土)
夜に完成した
政府案を
日本語のまま
4日(月)に民政局に
提出することに
なった

**佐藤達夫**(1904-1974)…内務省、法制局参事官を経て法制局第一部長。このとき、憲法作成の日本側専門員として大きく貢献した。その後、人事院総裁任期中に死去。

3月4日(月) GHQ6階 民政局602号室

この案はまだ閣議決定を経ない試案に過ぎないものです
すぐに章別に分けて翻訳し検討することにする!
【翻訳文を読んで】
前文がないですね
そうしたものは必要ないと思うからです
その後英文と日本語訳で一語一語が審議され…
松本とケーディスの間で大激論が始まっていった……
第1条の国民主権の部分がカットされているではないか
こんな案では審議できない!!
英語では相手を表現する言葉として
you《ユー》しかないが日本ではユーに対する語はいろいろある

## 【殴り合い寸前】

そのように相手によって言葉を違わせることこそが非民主的なのだ！
一体あなたは日本語まで直しに日本に来たのかッ
じーーっ
松本はこのままいけば殴り合いになるかもしれないと思い…
後は佐藤達夫法制局第一部長にまかせ席を立つ
佐藤達夫


## 【孤軍奮闘】

残された佐藤達夫は孤軍奮闘した
この16条の
「外国人は法の平等な保護を受ける」ですが…
これは削除していただきたい
……
どうしても削除していただきたい!!
ピョン

【チェック】

翻訳 検討の
終わった条項は
その都度
マッカーサーと
ホイットニーが
目を通していた
コンコン
ウトウト
ホイットニー准将
どこまで進んだ!?
交渉開始から
16時間
ようやく23条に
入りました
そうか…

【女性の権利】

午前2時
ううっ
さすがに
疲れてきたわ…
通訳
ベアテ・シロタ
女性の権利の
問題ですが
日本には
男女が
同じ権利を
持つ土壌はない
なので
この条文は
適さない

## 【マラソン会議】

それは…
元帥は占領政策の最初に婦人の選挙権の付与を進めたように
女性の解放を望んでおられる
しかし…
ミス・シロタは
子供の頃10年間日本に住んでいました
日本の女性の立場をよく知っている
その彼女が一心不乱に書いたものですよ
………
わかりました
ケーディス大佐のおっしゃる通りにしましょう
元帥 女性の権利パスしました
うむ
残りあと何条だ？
70条です…
ふあ〜

【まだまだ】

次に28条の
「土地および一切の天然資源の国有化」ですが
これは
ガくっ
日本は共産主義じゃない!
削除で!!
ぐいっ
それから41条の一院制は
納得がいかない二院制に変更していただく!

【完　走】

こうして30時間におよぶ
不眠不休の交渉を経て
すべての条文が完成したのは
5日の午後4時でした

# 3月5日(火)閣議

GHQで審議が終わった条項が次々と閣議に運びこまれた
その日の夕方幣原と松本は宮中に参内し天皇陛下に拝謁した
GHQからは本日中に草案を発表せよという命令が来ている
まだ全部来ていないし日本文を推敲《すいこう》する時間もなく無理だ
GHQ草案を直訳したような日本文ではだめでしょう!?
わかった……
なんとか明日まで発表を延ばせないか申し入れる
大日本帝国憲法改正についての勅語を出していただくことで承認され
GHQから発表は明日の夕方5時に延ばすことを了解された

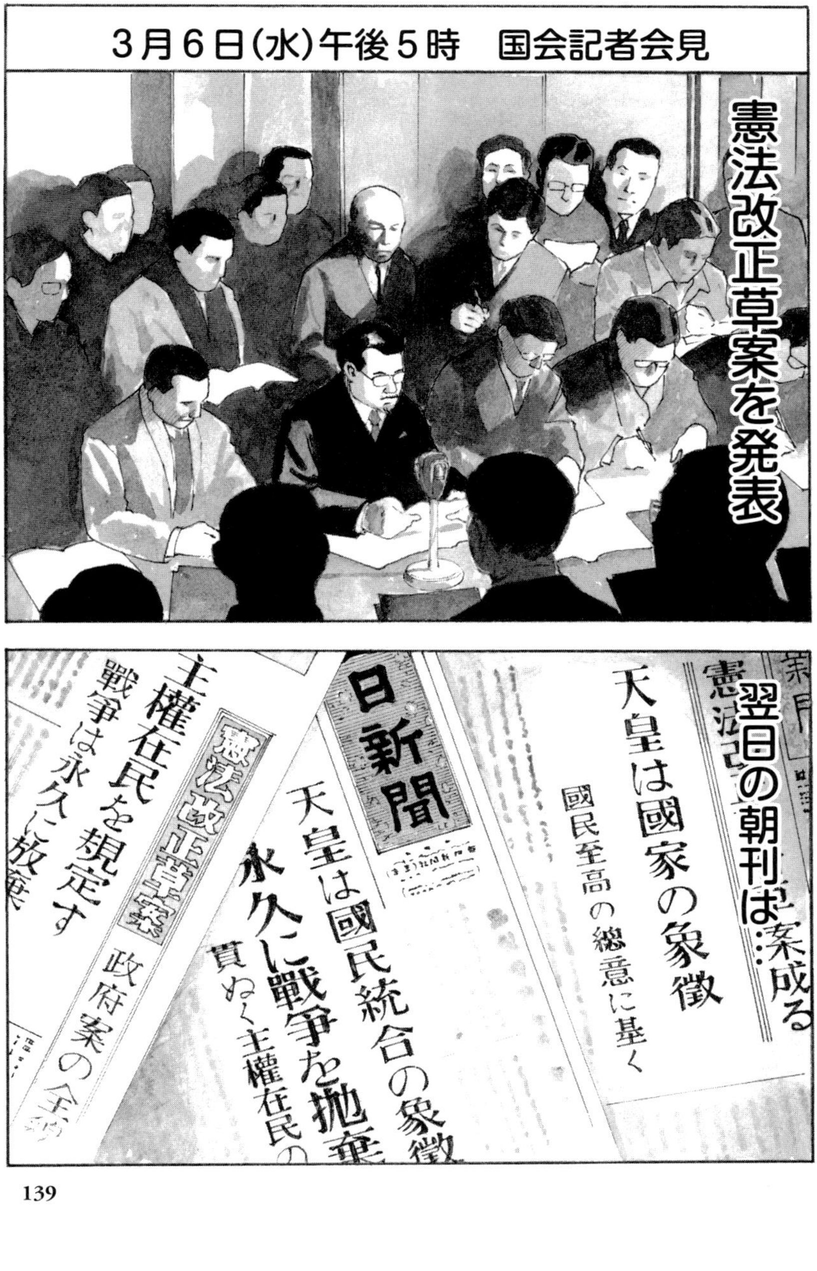
3月6日(水)午後5時　国会記者会見
憲法改正草案を発表
翌日の朝刊は…
天皇は國家の象徴
國民至高の總意に基く
日新聞
天皇は國民統合の象徴
永久に戰争を抛棄
貫ぬく主權在民の
憲法改正草案
主權在民を規定す
戰争は永久に放棄
政府案の全

# 【既成事実が重要】

発表された草案は!?
1か月前の毎日新聞で
スクープされた内容とは全然違っていた……
ところで極東委員会とは……どうなったの？
6日に草案ができた時にそのコピーを持って…
民政局のハッシー中佐がアメリカに飛んだ…
すくっ
7日に極東委員会で日本国憲法に関する討議が予定されていて……
それに間に合わせるためにな…
マッカーサーは既成事実を示すことが
何よりも重要だったのだ！
マッカーサーも6日に談話を発表している
ゴホゴホ
え
どんな？どんな？

予は
予が全面的に承認する
新しい進歩せる憲法を
日本国民に提示せんとする
天皇並びに
日本政府の決定について
本日発表し得ることに深く
満足しているものである
この憲法は5か月前
予が最初に日本政府に
指令して以来
日本政府と
連合国軍最高司令部の
関係者の間における
苦心に満ちた研究と
数回となる会談の後に
起草されたものである

## 【国民の反応】

マッカーサーの談話は…
草案の作成にGHQが関与していることを……
認めている内容だった
ゴホゴホ
国民の反応は？
反ぱつしたのでは!?
ハァーァ
あまり問題には……
2月に発表された改正案とはあまりにも違うなァ
戦争なくなるの!?
俺には男女平等なんて考えられない
象徴天皇と主権在民思想何じゃそれ？
人権条項が本当に実行されるのかナ
憲法もいいけどさ
食べ物よ食料をなんとかしてほしい！
世の中は憲法よりも…
食料不足の問題の方が…
ハイ お水

## 【画期的なこと】

でもこの憲法改正で
国民には画期的なことがあったんだよ
がっき的?
まず3月6日に発表された
憲法改正草案要綱の第3条だよ みてごらん
天皇ノ国務ニ関スル行為ハ凡テ内閣ノ輔弼賛同ニ依リ内閣ハ其ノ責ニ任ズルコト
そして4月17日に発表された
憲法改正草案第3条
天皇の国務に関するすべての行為には内閣の補佐と同意を必要とし内閣がその責任を負ふ
4月17日の方がよみやすい
この頃 法律は文語体のカタカナで書かれてたんだが
おー!
口語体のひらがなになったんですね
政府は新しい憲法を
新聞のように誰でも読めるようにしたかったんだよ
ちなみにこの口語化に尽力したのが
作家の山本有三らの「国民の国語運動」※のメンバーたちじゃ


**国民の国語運動**…山本有三、カナモジカイ、日本ローマ字会、日本エスペラント会など多くの国語改革運動団体により結成された。口語体で平易に、という原則はGHQの支持を受け、その後の公用文の書き方を変えた。

4月17日(水)

前文と百か条からなる
憲法改正草案は完成した！

草案が発表になった
これからどういう流れになるんでしょうか!?
大日本帝国憲法の改正になるから憲法に従ってまず枢密院で諮られる
枢密院での論議の中心は天皇の地位がどうなるかだ
先週行なわれた総選挙ではあまり憲法改正の問題は争点にはならなかった
国民は今食べるのに精一杯で
食料問題の前には…憲法改正の存在が薄かったようです
パチッ
口語体でひらがな
二人共解説文たのむよ

# 『極東委員会の重圧』

マッカーサーが気にしていた極東委員会の事を教えて。

第二次世界大戦後に連合国が日本を占領管理するための最高政策決定機関として設立された。１９４５年12月にモスクワで開かれたアメリカ、イギリス、ソ連三国外相会議で極東諮問委員会（FEAC／Far Eastern Advisory Commission）に代わり、設置が決定。本部はワシントンに置かれた。委員会は、11か国（アメリカ、イギリス、中華民国、ソ連、フランス、インド、オランダ、カナダ、オーストラリア、ニュージーランド、フィリピン）で構成され、１９４９年11月からはビルマとパキスタンが加わって、合計13か国となった。議長国はアメリカ。アメリカ、イギリス、ソ連、中華民国に拒否権があったが、緊急を要する事案については、アメリカ政府に単独での決定権限が与えられていたんじゃ。

なんでマッカーサーは気にしていたの？

日本の憲政機構など根本的な変更については、必ず委員会の事前の決定を必要としていたからじゃ。委員会の決定事項は全て、アメリカ政府に伝達され、アメリカ政府から連合国軍最高司令官マッカーサーに伝達されることになった。

その第一回会合が１９４６年２月26日だったのね。

そうじゃ。ワシントンで開かれた。３月６日に日本政府が行なった「憲法改正草案要綱」の突然の発表と、それに対するマッカーサーの支持声明に対し、同委員会ではマッカーサーが権限を逸脱したとの批判が巻き起こり、同委員会は３月20日付け文書で、憲法案が可決される前にこれを審査する機会が同委員会に与えられるべきであると主張したんじゃ。４月10日には、憲法改正問題に関する協議のためＧＨＱ係官の派遣をマッカーサーに求めると決定したが、マッカーサーはこれを拒否した。

極東委員会は、１９５２年４月28日のサンフランシスコ講和条約の施行とともに消滅したんじゃ。

対日理事会っていうのもあったんでしょう？

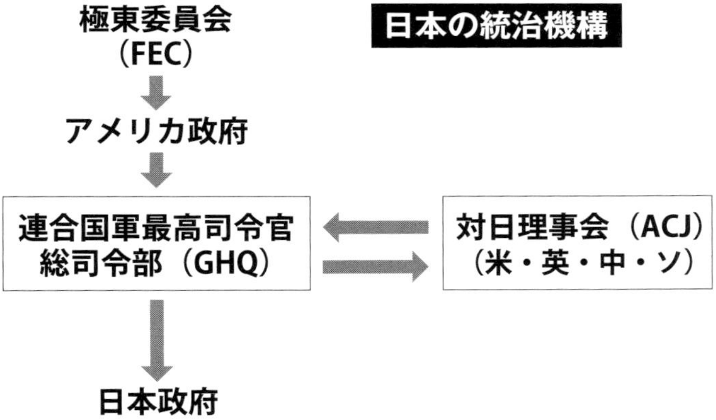
日本の統治機構
極東委員会（FEC）
アメリカ政府
連合国軍最高司令官総司令部（GHQ）
対日理事会（ACJ）（米・英・中・ソ）
日本政府

連合国軍最高司令官に助言・協議するために東京に設置された日本占領のための管理機関で、極東委員会の出先機関じゃ。極東委員会のワシントン設置と同時に対日理事会を設置することが決定されていた。理事会は、アメリカ、英連邦（イギリス、オーストラリア、ニュージーランド、インド）、ソ連、中華民国の4か国で構成され、議長にはアメリカ代表である連合国軍最高司令官が就任した。

どんなことが話し合われたの？

4月5日に初会議が開かれた。その席上でマッカーサーは、憲法草案は日本国民が広範かつ自由に議論しており、連合国の政策に一致するものになるだろうと主張したんじゃ。

　理事会の任務は、降伏条項や占領管理に関する指令の実施について連合国軍最高司令官と協議し助言することだが、実際には最高司令官を監視・チェックするねらいがあったんじゃ。ただ、マッカーサーが連合国の介入を嫌ったことや冷戦の開始に伴う米ソ間の対立のため、理事会は形骸化し、ほとんど機能することはなかった。

# 第8話 105日間の憲法改正審議

4月22日から
枢密院で審議が始まり
いくつかの問題点を
指摘されたが
政府は最小限の字句の
修正にとどめ
6月8日の
本会議で可決された

6月20日(木)
第90回帝国議会開催
この日
大日本帝国憲法改正案は
勅語によって
衆議院に提出された

翌日
マッカーサーは
憲法審議にあたっての
議会における
討議の3原則を出す

①新憲法の規定を討議するために十分な時間と機会が与えられなければならない
②憲法改正が現行憲法と完全なる法的持続性を保障されること
③憲法の採択が日本国民の自由なる意思の表明をすることを示すべきことが絶対に必要であること
6月25日㈫大日本帝国憲法改正案が衆議院本会議に上程され28日までの４日間質疑がなされた
首相は吉田茂《よしだしげる》
憲法専任国務大臣は金森徳次郎《かなもりとくじろう》※であった



**金森徳次郎**（1886-1959）…憲法学者。第一次吉田内閣で憲法専任国務大臣を勤める。初代国会図書館長。新しい憲法の普及に力を注いだ。

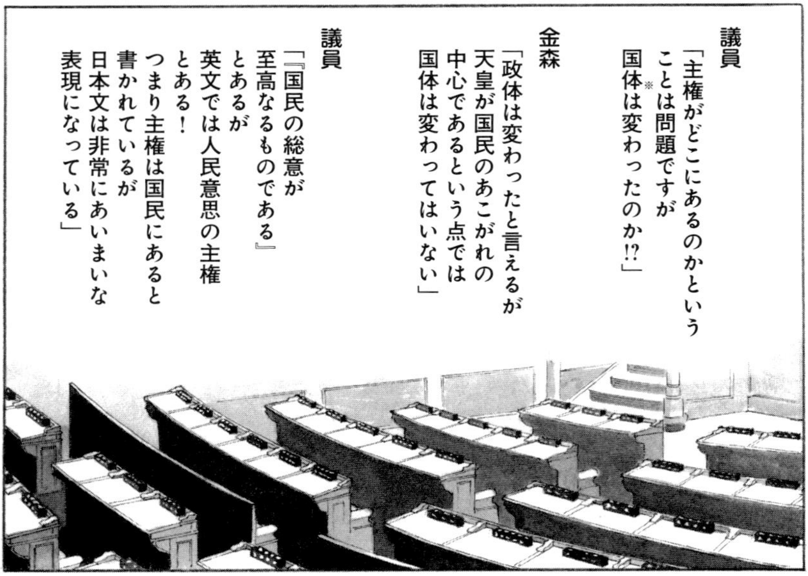

議員
「主権がどこにあるのかということは問題ですが国体※は変わったのか!?」
金森
「政体は変わったと言えるが天皇が国民のあこがれの中心であるという点では国体は変わってはいない」
議員
「『国民の総意が至高なるものである』とあるが英文では人民意思の主権とある！つまり主権は国民にあると書かれているが日本文は非常にあいまいな表現になっている」

金森
「日本国憲法は日本国の文字で書かれたものが正文である」
議員
「主権は天皇にあるのか!?国民にあるのか!?ここでごまかさずにはっきりと言ってもらいたい」
議員
「天皇を『象徴』ではなく『元首』とするべき」
議員
「第9条の戦争放棄では自衛権も放棄するのか!?」


**国体**…国家体制。国の在り方。この時代では、天皇を中心とした国家体制の事を言う。

**満州事変**…1931年９月18日、関東軍が中国・奉天郊外の柳条湖で南満州鉄道の線路を自ら爆破したが、これを中国軍の仕業として始まった戦闘。関東軍は５か月で満州を占領。関東軍による領土拡大が始まる。

第9条2項において
一切の軍備と国の
交戦権を認めない結果
自衛権の発動としての
戦争もまた
交戦権も放棄した
ものであります
ザワ
ザワ
ザワ
侵略された
ときの
自衛権は
認めるべきで
侵略戦争の
放棄と
すべきだ!!
近年の戦争の多くは
自衛権の名において
戦われたものです
満州事変※然《しか》り
大東亜戦争※又
然りであります!!

 **大東亜戦争**…一般には太平洋戦争の日本側の呼称。ただし、東条内閣が1941年の真珠湾攻撃後、日中戦争から対米英戦争までを含めると規定したので、太平洋戦争とは時期がずれる。占領期にこの呼称の使用をGHQが禁止した。

確かに英文は人民主権と書いてあるな
パチッ
政府は「主権は天皇を含んだ国民の全体にある…」といった答弁を繰り返していますね
GHQはこのことを知っているのか？
政府案は事前にGHQで検閲されていますから
何か妥協案でもあったのでしょうか…？
しかし自衛権も放棄するというのも意外でした
パリ不戦条約や国連憲章でも 戦争は放棄すると言っているが自衛権は否定していないんだ！
パチッ
GHQ案も自衛権は否定していないつもりだ！しかし2項に陸海空軍その他の戦力は保持しないとあるので…ああいう答弁になったのだろう
もっとも日本には軍隊そのものがありませんから戦えませンけど
警察の力が強くなって軍隊並みになるかもしれンぞ冗談だが…

6月28日(金)
衆議院に大日本帝国憲法改正案委員会が72名の議員によって組織された
委員長
芦田《あしだ》 均《ひとし》※

この委員会には加藤《かとう》シズエという女性委員がいて
こう…
発言している

草案にある個人の尊厳と両性の本質的平等に加えて
母性の保護 妊婦 出産及び育児の諸問題の保護に関する条文が明記されなければならないと考えます
また戦争で寡婦《かふ》※になった婦人たちの生活権を保障することが憲法にもっと謳《うた》われるべきと考えるのであります

**寡婦**…夫と死別、または離婚して再婚していない女性。

**芦田均**（1887-1959）…外交官から政治家になる。第一次吉田内閣で衆院憲法改正特別委員長。憲法９条制定に関わる。民主党総裁を経て1948年に首相となった。

うわーっ
ベアテさんが草案に書いたことじゃない
しかし…修正提案から除外されてしまった…
男系社会の存続こそ支配層の目指す日本社会の基本的柱であるという考えの表れだったンだね
さすがあやめ学級委員長すごい…
7月23日(火)共同修正案を作成するために秘密会として帝国憲法改正小委員会ができた委員長は芦田均
この委員会は14名で構成されこれまでの議論を踏まえて各党が案を持ち寄り成案を作成する会だった

小委員会は7月25日から8月20日まで13回開かれた
前文の「国民の総意が至高なものであることを宣言し」を「主権が国民に存することを宣言し」と訂正してください
本会議で社会党と共産党の議員が主権の部分を明確に表現されてないと主張されましたが 私も同感です「国民の総意」というのは国民の大多数による決意と思われる恐れがありますので 主権が国民に存すると はっきり言ったほうが良いと思います

【すり替え】

すんなり国民主権が認められたの？
7月の始めに……
GHQは初めて…日本政府が……
国民主権の言葉を…
すり替えたことに…気がついた

【主権は国民に】

すぐマッカーサーにも伝えられたの
実は…
7月2日に極東委員会が「日本の憲法は主権が国民にあることを認めることを基本とする」
…という
政策決定をしていたンじゃ……

極東委員会が……
あぁ~
政策を発表したら…
おぉ~
あやめちゃんどうなるの？
憲法改正案が…日本政府の
自発的なものではなく……
連合国の手によるものだとわかり…
………
日本国民の予感を引き起こしてしまうよね
ビューン
おっ
反感だけどね…
ホッホー
おしいぞまんが

【圧　力】

そこで…ケーディスが金森大臣に
国民主権を明記するよう要求し…
もしも……
受け入れないと極東委員会は象徴天皇制を否定するかもしれないと
天皇
圧力をかけたんだ！
ああ…
の
し
あやめちゃんさすがは学級委員長
すっ～すごい～あやめちゃ～～ん
ぐぐぐ
パチパチ

【修　正】

それで秘密結社の
小委員会で修正したのね
結社じゃないけどね
ほっほー
マッカーサーはまだ…
極東委員会が気になっていたのね…

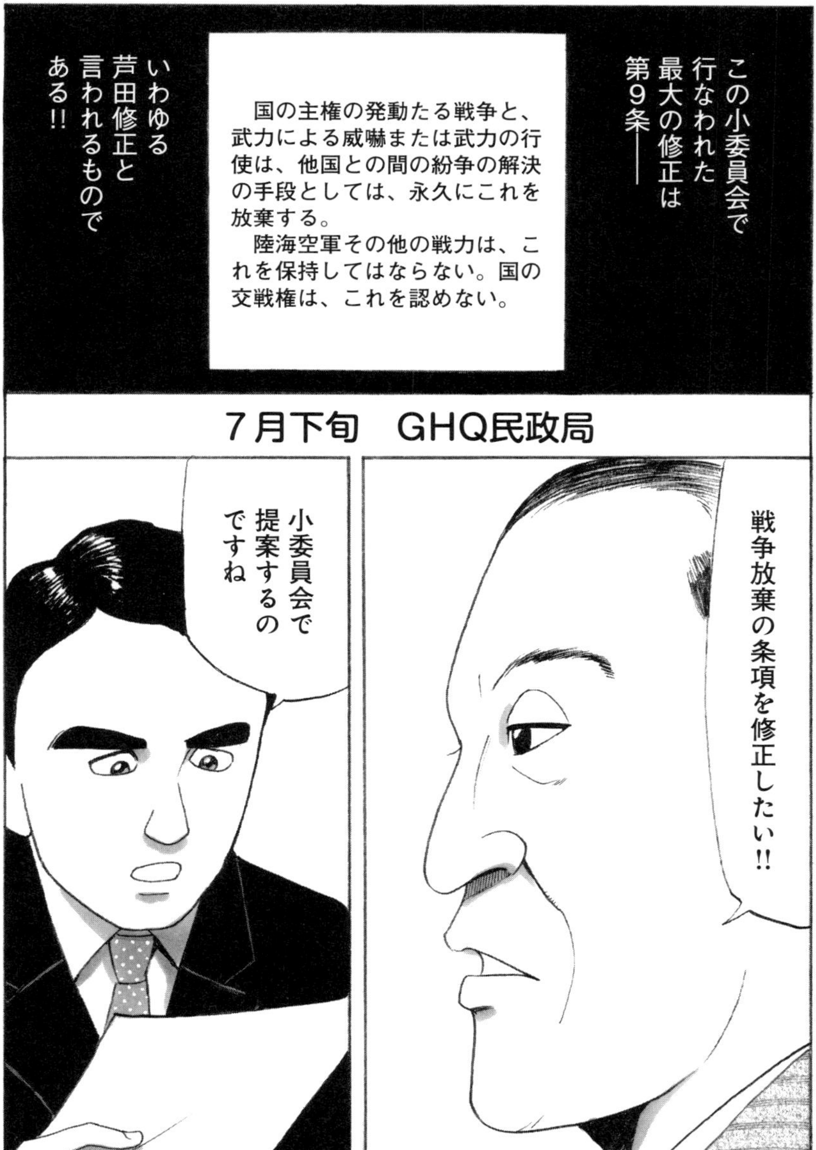
この小委員会で行なわれた最大の修正は第9条——
国の主権の発動たる戦争と、武力による威嚇または武力の行使は、他国との間の紛争の解決の手段としては、永久にこれを放棄する。
陸海空軍その他の戦力は、これを保持してはならない。国の交戦権は、これを認めない。
いわゆる芦田修正と言われるものである!!
7月下旬　GHQ民政局
戦争放棄の条項を修正したい!!
小委員会で提案するのですね

そうです！第1項の始めに「日本国民は正義と秩序を基調とする国際平和を誠実に希求し」と
第2項の始めに「前項の目的を達するため」という文です!!
フム…自衛権を持つということかマッカーサーもこの条文は外国への侵略だけに照準を合わせたものと言っていたし…国家にも自分を守る権利はある!!
OK！いいでしょう
ホイットニー局長の意見を聞かなくて大丈夫ですか!?
必要ない！
この程度の修正は私の裁量の範囲内だ

7月27日　小委員会

第1項に入れた「国際平和を誠実に希求し」という言葉を両方の文節に置くべきですが
そのような繰り返しを避けるために…第2項に「前項の目的を達するために」という言葉を置くことになります
つまり両方の文節でも日本国民の世界平和に貢献したいという願望を表わすものとして意図されているものです!!

吉田首相の言っていた自衛権の放棄は
やはり変わらないんだな

## 【10年後の会見】

小委員会では…
あのように提案理由を言ったが…
芦田均は10年後の会見で…
こんなことを言ったんだ
うとうと
1項で放棄しているのは
「他国との間の紛争の解決手段」
あしださん
サッ
すなわち……
侵略の手段としての戦争や武力による威嚇《いかく》であって…
2項に…
うと
うと
「前項の目的を達するため」
が…加えられたということは
サッ
禁止される戦力は…
侵略行為の戦力に…限定される
ヨタタタ

## 【合憲か違憲か】

だから自衛のための
戦力を保持することは…
ヨロヨロ
あぁ
可能である
ガッ
ぷら～ん
侵略行為をしないという目的のために
戦力を保持しないことになり…
はっ
逆に言うと……
自衛という目的のためならば
フル
フル
戦力を保持することは…
可能である…
パーン
パーン
パーン
と解釈できるんだ
ぷっ
くっ
それで…自衛隊が
合憲か違憲かで問題になると…
この芦田修正が…
出てくる……
ザッ

## 【有名な第25条】

それから この… 小委員会では…
人権の ところでは
有名な 第25条 ですね
「すべて国民は 健康で 文化的な 最低限度の生活を 営む権利を 有する」
という条文が 入ったんだよ
それって 憲法研究会の
憲法改正 要綱にあった 条文だよね
くい くい
そうじゃ
あの 要綱から GHQも 日本政府も 多く取り入れたり 参考にしたんだよ……
パチパチ パチパチ
おー
おー
パチパチ
よし
ねなかったぞ——

8月24日(土)
大日本帝国憲法改正案は
衆議院本会議で決議され
貴族院に送られ
8月26日の本会議に
上程された

9月21日(土)
ワシントンD・C
極東委員会

9条1項に特定された目的以外の目的で陸海空軍の保持を許すという解釈は危険である
それは日本が何らかの口実の下で例えば自衛という口実で軍隊を持つ可能性があることを意味する!!

マッカーサー元帥が吉田首相にシビリアン条項を導入することを求めたが
日本には既に軍隊がないのだから必要がないと説明されてマッカーサーも了承したようだ!!
7月2日に極東委員会で政策決定したシビリアン条項が抜けているのは問題だ!!

9条の修正前ではそうかもしれないが軍隊を持つ可能性がある修正された草案が通過したのだから
陸軍大将海軍大将などの将官が存在することは考えられる…全ての国務大臣がシビリアンでなければならないという規定があれば将官が国務大臣に任命されることはなくなる!!

ホイットニー局長が吉田首相と会って第66条に「内閣総理大臣その他の国務大臣は文民でなければならない」という条文が入った!!

極東委員会は芦田修正が自衛のためなら戦力が持てると判断して…
軍隊の存在を前提にして
大臣の資格を文民でなければならないとする条項を要求したのだ
文民条項の導入と芦田修正は密接な関係があったことがわかるな…
芦田修正は国会では
自衛権も放棄されるような説明だったけど
極東委員会やＧＨＱは自衛権があると認識していたンだ…!!

当時は天皇 国体 主権のことが重要で
第9条にはそれほどマスコミも気にかけていなかった……

貴族院では
第15条に
「公務員の選挙に
ついては成年者による
普通選挙を保障する」が
加えられて
10月6日に
可決された

10月６日（日）　大日本帝国憲法改正案は貴族院から
衆議院に回付され翌７日に本会議で
採決に付された!!

10月7日(月)
国会衆議院会議場
５名※を除き
その他の諸君は
全員起立!!
よって3分の2以上の
多数をもって
貴族院の修正に
同意するに決しました
これをもって
大日本帝国憲法改正案は
確定いたしました!!

５名…当時の採決は議員の起立によって行なわれたので、起立（賛成）しなかった人数ははっきりしない。８名という新聞記事もある。

思うに新日本建設の大目的を達成しこの憲法の理想とするところを実現いたしまするることは
今後国民のあげての絶大なる努力に待たなければならないのであります！
政府は真に国民諸君と一体となりこの大目的の達成に邁進《まいしん》いたす覚悟でございます!!
ここに6月25日に衆議院本会議に上程されてから105日後「大日本帝国憲法改正案」は第90回帝国議会での審議を全て終了した

10月29日(火)枢密院で天皇陛下臨席のもと本会議が開かれ
大日本帝国憲法改正案は全会一致で可決された
あとは11月3日の公布日を待つだけであった……

憲法の公布日は11月３日に決まったンだが…
その日は明治天皇の誕生日で
紀元節に次ぐ重要な…明治節※の日だったンだ
そうか！
GHQからすれば不適切な日だったンだろうね
政府も心配したが
マッカーサーが…こう言ったそうだ……
我われは明治天皇の誕生日を我われの民主的実質《コンテント》で満たしてやるのだ!!
かっこいいおじさんだなァ♡

**明治節**…1927年に明治天皇の誕生日を祝日とした。４大節の一つで、他は四方拝（１月１日）、紀元節（２月11日）、天長節（４月29日）

# 第9話 日本国憲法の公布・施行

1946年11月3日(日)

午前11時
貴族院本会議場
本日日本国憲法を公布せしめた
この憲法は帝国憲法を全面的に改正したものであって
国家再建の基礎を人類普遍の原理に求め

自由に表明された
国民の総意によって
確定されたものである……
…朕《ちん》は国民と
共に、全力をあげ
相携《あいたずさ》えて
この憲法を正しく
運用し
節度と
責任とを
重んじ
自由と平和とを
愛する
文化国家を
建設するように
努めたいと
思う

主権在民
平和主義
基本的人権の
尊重の…
３つの柱からなる
憲法ができた
日本國憲法公布記念祝賀都民大會
なんでも自由に
言える！
明るい
社会になる
だろう…

1947年5月3日(土)
日本国憲法施行

風雨に見舞われた
会場で 10時半から
式典が始まった

この日は
極東国際軍事裁判（東京裁判）が
始まった1周年でもあった

【選挙権】

エピローグ
18歳になればまんがちゃんにも選挙権!!
わーっ
まってー
あっやべ もうすぐ集合時間だ
おじいちゃん今日はいろいろ教えてくれてありがとう
忘れないからね
あっまって
君たちはいくつなんだい?
オレ18だよ
私もあと少しで18です
まだ17…
そうか… じゃ君たちは選挙権があるんだね…

## 【君たちの一票】

そうだ……
でもオレ政治のこと全然わかんね…
あれ？今の総理大臣って誰だっけ
おじいちゃん18歳で選挙権なんて早すぎる気がします…
そんなことないよ世界の約9割の国は18歳になると選挙権をもつんだよ
へ――
それに 今の日本はすごい高齢化社会だから…
若い人の意見をとり入れないと
国会や地方議会が高齢者のための意見ばかりになっちゃうからね
この病院は高齢者専用です
たしかに
まずは政治に興味をもって
投票には必ず行ってね

おそーい
わー
カシャ
カシャ
ケケケ
カー
あッ
国会
議事堂
だあ♡
わーーっ
カメラ
カメラ
パシャ
パシャ
カシャ
カシャ
ごめん
バーカ

これから私たちが
あそこの議員を選ぶんだね

1950年
6月　朝鮮戦争始まる
8月　警察予備隊発足

1951年9月
サンフランシスコ講和条約
日米安全保障条約に調印

1952年7月
警察予備隊を保安隊に改組

1954年6月
防衛庁設置　陸・海・空自衛隊発足

1956年12月
日本が国際連合に加盟

1959年12月
最高裁が砂川事件で
「駐留米軍は違憲ではない」と判決

1960年
1月　日米地位協定締結
6月　新日米安全保障条約自然承認

1991年6月
自衛隊初の海外派遣
ペルシャ湾の掃海艇

1992年8月
PKO協力法成立

1999年８月
国旗・国家法成立

2001年10月
テロ対策特別措置法成立

2004年１月
陸上自衛隊イラク派遣

2005年10月
自民党の新憲法草案で
「自衛軍保持」を明記

2007年５月
日本国憲法の改正手続きに
関する法律（国民投票法）可決成立

2012年２月
自民党が「日本国憲法改正草案」を発表
国民国家、国旗尊重、憲法尊重義務付け
国家緊急権の制定などを盛り込む

2013年12月
特定秘密保護法成立

2015年９月
平和安全法制整備法と
国際平和支援法（戦争法案）成立

2017年10月
衆議院選挙で与党が３分の２以上の
議席獲得。改正の発議が可能

おはよ

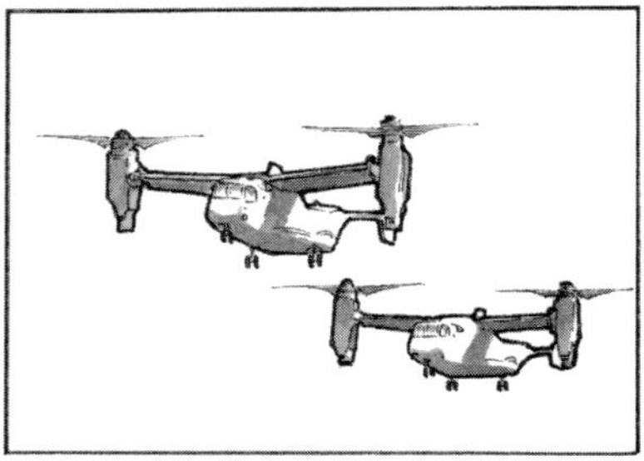

まんがナイスーーッ
おりゃ
根性

ふつうのカレー
おいしいカレー

スーパー

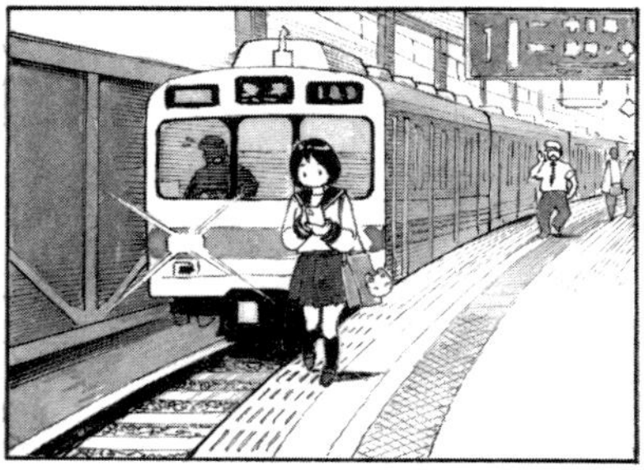

POLICE
令和

20XX年Ｘ月

国会会期末に……

日本国憲法改正案可決!!

国会が国民に対して憲法改正案を「発議」

発議後60日から180日以内に行なわれる
憲法改正案の国民投票で

君たちは×○のどちらを選ぶ!?



【完】

# 『最後に』

一つ一つの条文はまだ詳しく読んでないけど、こんなふうにして日本国憲法はできたんだね。

マッカーサーによる憲法改正の指示から大体1年で作り上げたことになるんじゃ。

施行からもう70年以上たつけど改正とかなかったの？

一度もなかった。たとえばドイツでは60回以上、アメリカや中国、韓国でも10回前後の改正があったんじゃ。他国と比べて日本の憲法が一度も変えられなかったのはおかしいという人もいるが、ドイツの改正などは、細かな条文の手直しという程度の変更で、今日本で議論しているような、重要な条文の変更とは違うんじゃよ。

国民が改正の必要を求めなかったということは、それだけ素晴らしい憲法なんだよね。言いたいことは言えるし、やりたいことができるのも憲法に守られているからなんだね。自衛隊はあるけど70年以上戦死者が一人もいないし、人間に向けて銃を撃ったこともないんでしょ。

戦争放棄で徴兵制もないから9条はノーベル平和賞もんだよ。

ベアテさんやケーディス氏が来日した時に新聞記者としてインタビューをしたことがあってな、彼らは日本を理想的な国家にしようとしたんじゃ。理想的な国の理想的な憲法を作ろうとね。

１０３条のうち31条も人権条項で占めてるのは世界の憲法でも珍しいのよ。生活や権利を守り徹底した平和を求めていくことでも世界の最先端を行く憲法なんだね。

さすがあやめ、委員長！　そういうことなら日本国憲法は世界遺産に登録すべきだ！

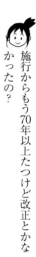

公平、ちょっと大げさよ！　でも、ベアテさんがケーディス大佐に泣いて抵抗してくれたから充実した人権条項があるのよね。

ベアテが憲法学者ではなく素人で女性だったから、女性が幸せになる本質をズバリ書いてくれたんだと思う。あんな発想は男尊女卑が身に染みている当時の日本人にはなかっただろうね。

ところでおじいちゃん、この憲法がＧＨＱからの押しつけ憲法だから改正すべきだという声もあるけど、どうなの。

確かに原案はＧＨＱが1週間で作ったものだ。でもその後の交渉経過中では日本側の意見も十分取り入れられ、3か月半に渡る国会審議でも当時の第一級の憲法学者や学識経験者が加わっており、国民の良識と総意が表現された憲法に作られていったんだよ。何より、国民から憲法を変えなければならないという声は大きくないというのが現状じゃ。

誰が作ろうと中身がよいのならそれでいいじゃないか。変える必要なんかないよ。

中身が大事なのは当然じゃが、日本国憲法が作られていった歴史的経過をしっかり見て、なぜ70年以上も愛されてきたのかを理解しなければいけないよ。それに、今の形が最善で、今後一切変えてはいけないというのは少し言い過ぎじゃ。１０３条全体を見たとき、時代の進展によって変えたほうが良い条文、削除した方がよい条文、付け加えた方がよい条文のあることは事実。たとえば大学教育の無償化とか、婚姻は「両性の合意」ではなく「両者の合意」にするとか。

２０１９年夏の参議院選挙以降、憲法改正の議論が国会で始まろうとしている。その最も大きな争点になるのが9条問題であることは確かだけど、一言一句変えてはいけないという立場で議論するのはむしろマイナスじゃ。いったい何が問題なのかを徹底的に議論することこそが最も重要なこと。だから、中心条文の一つである9条の変更については、いきなり改正の有無を問うのではなく、まずは時間をかけて国会で話し合いをすることが必要じゃろ。

憲法を改正する意味は、その結果として、さらに暮らしやすい世の中にするということだよね。

これからあらためて憲法の勉強を始めてみようと思った。おじいちゃん、また教えてね！

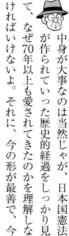

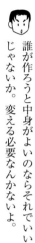

# 日本国憲法

目　次

第１章　天皇（1条―8条）
第２章　戦争の放棄（9条）
第３章　国民の権利及び義務（10条―40条）
第４章　国会（41条―64条）
第５章　内閣（65条―75条）
第６章　司法（76条―82条）
第７章　財政（83条―91条）
第８章　地方自治（92条―95条）
第９章　改正（96条）
第10章　最高法規（97条―99条）
第11章　補則（１００条―１０３条）

朕は、日本国民の総意に基いて、新日本建設の礎が、定まるに至つたことを、深くよろこび、枢密顧問の諮詢及び帝国憲法第七十三条による帝国議会の議決を経た帝国憲法の改正を裁可し、ここにこれを公布せしめる。

御名御璽

昭和二十一年十一月三日

内閣総理大臣兼
外務大臣　　　吉田　茂
国務大臣　男爵　幣原喜重郎
司法大臣　　木村篤太郎
内務大臣　　大村清一
文部大臣　　田中耕太郎
農林大臣　　和田博雄
国務大臣　　斎藤隆夫
逓信大臣　　一松定吉
商工大臣　　星島二郎
厚生大臣　　河合良成
国務大臣　　植原悦二郎
運輸大臣　　平塚常次郎
大蔵大臣　　石橋湛山
国務大臣　　金森徳次郎
国務大臣　　膳　桂之助

## 日本国憲法

日本国民は、正当に選挙された国会における代表者を通じて行動し、われらとわれらの子孫のために、諸国民との協和による成果と、わが国全土にわたつて自由のもたらす恵沢を確保し、政府の行為によつて再び戦争の惨禍が起ることのないやうにすることを決意し、ここに主権が国民に存することを宣言し、この憲法を確定する。そもそも国政は、国民の厳粛な信託によるものであつて、その権威は国民に由来し、その権力は国民の代表者がこれを行使し、その福利は国民がこれを享受する。これは人類普遍の原理であり、この憲法は、かかる原理に基くものである。われらは、これに反する一切の憲法、法令及び詔勅を排除する。

日本国民は、恒久の平和を念願し、人間相互の関係を支配する崇高な理想を深く自覚するのであつて、平和を愛する諸国民の公正と信義に信頼して、われらの安全と生存を保持しようと決意した。われらは、平和を維持し、専制と隷従、圧迫と偏狭を地上から永遠に除去しようと努めてゐる国際社会において、名誉ある地位を占めたいと思ふ。われらは、全世界の国民が、ひとしく恐怖と欠乏から免かれ、平和のうちに生存する権利を有することを確認する。

われらは、いづれの国家も、自国のことのみに専念して他国を無視してはならないのであつて、政治道徳の法則は、普遍的なものであり、この法則に従ふことは、自国の主権を維持し、他国と対等関係に立たうとする各国の責務であると信ずる。

日本国民は、国家の名誉にかけ、全力をあげてこの崇高な理想と目的を達成することを誓ふ。

# 第1章　天皇

**第1条【天皇の地位と主権在民】**

天皇は、日本国の象徴であり日本国民統合の象徴であつて、この地位は、主権の存する日本国民の総意に基く。

**第2条【皇位の世襲】**

皇位は、世襲のものであつて、国会の議決した皇室典範の定めるところにより、これを継承する。

**第3条【内閣の助言と承認及び責任】**

天皇の国事に関するすべての行為には、内閣の助言と承認を必要とし、内閣が、その責任を負ふ。

**第4条【天皇の権能と権能行使の委任】**

①天皇は、この憲法の定める国事に関する行為のみを行ひ、国政に関する権能を有しない。

②天皇は、法律の定めるところにより、その国事に関する行為を委任することができる。

**第5条【摂政】**

皇室典範の定めるところにより摂政を置くときは、摂政は、天皇の名でその国事に関する行為を行ふ。この場合には、前条第一項の規定を準用する。

**第6条【天皇の任命行為】**

①天皇は、国会の指名に基いて、内閣総理大臣を任命する。

②天皇は、内閣の指名に基いて、最高裁判所の長たる裁判官を任命する。

**第7条【天皇の国事行為】**
天皇は、内閣の助言と承認により、国民のために、左の国事に関する行為を行ふ。
一　憲法改正、法律、政令及び条約を公布すること。
二　国会を召集すること。
三　衆議院を解散すること。
四　国会議員の総選挙の施行を公示すること。
五　国務大臣及び法律の定めるその他の官吏の任免並びに全権委任状及び大使及び公使の信任状を認証すること。
六　大赦、特赦、減刑、刑の執行の免除及び復権を認証すること。
七　栄典を授与すること。
八　批准書及び法律の定めるその他の外交文書を認証すること。
九　外国の大使及び公使を接受すること。
十　儀式を行ふこと。

**第8条【財産授受の制限】**
皇室に財産を譲り渡し、又は皇室が、財産を譲り受け、若しくは賜与することは、国会の議決に基かなければならない。

## 第2章　戦争の放棄

**第9条【戦争の放棄と戦力及び交戦権の否認】**
①日本国民は、正義と秩序を基調とする国際平和を誠実に希求し、国権の発動たる戦争と、武力による威嚇又は武力の行使は、国際紛争を解決する手段としては、永久にこれを放棄する。
②前項の目的を達するため、陸海空軍その他の戦力は、これを保持しない。国の交戦権は、これを認めない。

## 第3章　国民の権利及び義務

**第10条【国民たる要件】**
日本国民たる要件は、法律でこれを定める。

**第11条【基本的人権】**
国民は、すべての基本的人権の享有を妨げられない。この憲法が国民に保障する基本的人権は、侵すことのできない永久の権利として、現在及び将来の国民に与へられる。

**第12条【自由及び権利の保持義務と公共福祉性】**
この憲法が国民に保障する自由及び権利は、国民の不断の努力によつて、これを保持しなければならない。又、国民は、これを濫用してはならないのであつて、常に公共の福祉のためにこれを利用する責任を負ふ。

**第13条【個人の尊重と公共の福祉】**

すべて国民は、個人として尊重される。生命、自由及び幸福追求に対する国民の権利については、公共の福祉に反しない限り、立法その他の国政の上で、最大の尊重を必要とする。

**第14条【平等原則、貴族制度の否認及び栄典の限界】**
①すべて国民は、法の下に平等であつて、人種、信条、性別、社会的身分又は門地により、政治的、経済的又は社会的関係において、差別されない。
②華族その他の貴族の制度は、これを認めない。
③栄誉、勲章その他の栄典の授与は、いかなる特権も伴はない。栄典の授与は、現にこれを有し、又は将来これを受ける者の一代に限り、その効力を有する。

**第15条【公務員の選定罷免権、公務員の本質、普通選挙の保障及び投票秘密の保障】**
①公務員を選定し、及びこれを罷免することは、国民固有の権利である。
②すべて公務員は、全体の奉仕者であつて、一部の奉仕者ではない。
③公務員の選挙については、成年者による普通選挙を保障する。
④すべて選挙における投票の秘密は、これを侵してはならない。選挙人は、その選択に関し公的にも私的にも責任を問はれない。

**第16条【請願権】**
何人も、損害の救済、公務員の罷免、法律、命令又は規則の制定、廃止又は改正その他の事項に関し、平穏に請願する権利を有し、何人も、かかる請願をしたためにいかなる差別待遇も受けない。

**第17条【公務員の不法行為による損害の賠償】**
何人も、公務員の不法行為により、損害を受けたときは、法律の定めるところにより、国又は公共団体に、その賠償を求めることができる。

**第18条【奴隷的拘束及び苦役の禁止】**
何人も、いかなる奴隷的拘束も受けない。又、犯罪に因る処罰の場合を除いては、その意に反する苦役に服させられない。

**第19条【思想及び良心の自由】**
思想及び良心の自由は、これを侵してはならない。

**第20条【信教の自由】**
①信教の自由は、何人に対してもこれを保障する。いかなる宗教団体も、国から特権を受け、又は政治上の権力を行使してはならない。
②何人も、宗教上の行為、祝典、儀式又は行事に参加することを強制されない。
③国及びその機関は、宗教教育その他いかなる宗教的活動もしてはならない。

**第21条【集会、結社及び表現の自由と通信秘密の保護】**
①集会、結社及び言論、出版その他一切の表現の自由

は、これを保障する。

②検閲は、これをしてはならない。通信の秘密は、これを侵してはならない。

**第22条【居住、移転、職業選択、外国移住及び国籍離脱の自由】**

①何人も、公共の福祉に反しない限り、居住、移転及び職業選択の自由を有する。

②何人も、外国に移住し、又は国籍を離脱する自由を侵されない。

**第23条【学問の自由】**

学問の自由はこれを保障する。

**第24条【家族関係における個人の尊厳と両性の平等】**

①婚姻は、両性の合意のみに基いて成立し、夫婦が同等の権利を有することを基本として、相互の協力により、維持されなければならない。

②配偶者の選択、財産権、相続、住居の選定、離婚並びに婚姻及び家族に関するその他の事項に関しては、法律は、個人の尊厳と両性の本質的平等に立脚して、制定されなければならない。

**第25条【生存権及び国民生活の社会的進歩向上に努める国の義務】**

①すべて国民は、健康で文化的な最低限度の生活を営む権利を有する。

②国は、すべての生活部面について、社会福祉、社会保障及び公衆衛生の向上及び増進に努めなければならない。

**第26条【教育を受ける権利と受けさせる義務】**

①すべて国民は、法律の定めるところにより、その能力に応じて、ひとしく教育を受ける権利を有する。

②すべて国民は、法律の定めるところにより、その保護する子女に普通教育を受けさせる義務を負ふ。義務教育は、これを無償とする。

**第27条【勤労の権利と義務、勤労条件の基準及び児童酷使の禁止】**

①すべて国民は、勤労の権利を有し、義務を負ふ。

②賃金、就業時間、休息その他の勤労条件に関する基準は、法律でこれを定める。

③児童は、これを酷使してはならない。

**第28条【勤労者の団結権及び団体行動権】**

勤労者の団結する権利及び団体交渉その他の団体行動をする権利は、これを保障する。

**第29条【財産権】**

①財産権は、これを侵してはならない。

②財産権の内容は、公共の福祉に適合するやうに、法律でこれを定める。

③私有財産は、正当な補償の下に、これを公共のために用ひることができる。

**第30条【納税の義務】**

国民は、法律の定めるところにより、納税の義務を負ふ。

**第31条【生命及び自由の保障と科刑の制約】**

何人も、法律の定める手続によらなければ、その生命若しくは自由を奪はれ、又はその他の刑罰を科せられない。

**第32条【裁判を受ける権利】**

何人も、裁判所において裁判を受ける権利を奪はれない。

**第33条【逮捕の制約】**

何人も、現行犯として逮捕される場合を除いては、権限を有する司法官憲が発し、且つ理由となつてゐる犯罪を明示する令状によらなければ、逮捕されない。

**第34条【抑留及び拘禁の制約】**

何人も、理由を直ちに告げられ、且つ、直ちに弁護人に依頼する権利を与へられなければ、抑留又は拘禁されない。又、何人も、正当な理由がなければ、拘禁されず、要求があれば、その理由は、直ちに本人及びその弁護人の出席する公開の法廷で示されなければならない。

**第35条【侵入、捜索及び押収の制約】**

①何人も、その住居、書類及び所持品について、侵入、捜索及び押収を受けることのない権利は、第三十三条の場合を除いては、正当な理由に基いて発せられ、且つ捜索する場所及び押収する物を明示する令状がなければ、侵されない。

②捜索又は押収は、権限を有する司法官憲が発する各別の令状により、これを行ふ。

**第36条【拷問及び残虐な刑罰の禁止】**

公務員による拷問及び残虐な刑罰は、絶対にこれを禁ずる。

**第37条【刑事被告人の権利】**

①すべて刑事事件においては、被告人は、公平な裁判所の迅速な公開裁判を受ける権利を有する。

②刑事被告人は、すべての証人に対して審問する機会を充分に与へられ、又、公費で自己のために強制的手続により証人を求める権利を有する。

③刑事被告人は、いかなる場合にも、資格を有する弁護人を依頼することができる。被告人が自らこれを依頼することができないときは、国でこれを附する。

**第38条【自白強要の禁止と自白の証拠能力の限界】**

①何人も、自己に不利益な供述を強要されない。

②強制、拷問若しくは脅迫による自白又は不当に長く抑留若しくは拘禁された後の自白は、これを証拠とすることができない。

③何人も、自己に不利益な唯一の証拠が本人の自白である場合には、有罪とされ、又は刑罰を科せられない。

**第39条【遡及処罰、二重処罰等の禁止】**

何人も、実行の時に適法であつた行為又は既に無罪とされた行為については、刑事上の責任を問はれない。又、同一の犯罪について、重ねて刑事上の責任を問はれない。

**第40条【刑事補償】**
何人も、抑留又は拘禁された後、無罪の裁判を受けたときは、法律の定めるところにより、国にその補償を求めることができる。

# 第4章　国会

**第41条【国会の地位】**
国会は、国権の最高機関であつて、国の唯一の立法機関である。

**第42条【二院制】**
国会は、衆議院及び参議院の両議院でこれを構成する。

**第43条【両議院の組織】**
①両議院は、全国民を代表する選挙された議員でこれを組織する。
②両議院の議員の定数は、法律でこれを定める。

**第44条【議員及び選挙人の資格】**
両議院の議員及びその選挙人の資格は、法律でこれを定める。但し、人種、信条、性別、社会的身分、門地、教育、財産又は収入によつて差別してはならない。

**第45条【衆議院議員の任期】**
衆議院議員の任期は、四年とする。但し、衆議院解散の場合には、その期間満了前に終了する。

**第46条【参議院議員の任期】**
参議院議員の任期は、六年とし、三年ごとに議員の半数を改選する。

**第47条【議員の選挙】**
選挙区、投票の方法その他両議院の議員の選挙に関する事項は、法律でこれを定める。

**第48条【両議院議員相互兼職の禁止】**
何人も、同時に両議院の議員たることはできない。

**第49条【議員の歳費】**
両議院の議員は、法律の定めるところにより、国庫から相当額の歳費を受ける。

**第50条【議員の不逮捕特権】**
両議院の議員は、法律の定める場合を除いては、国会の会期中逮捕されず、会期前に逮捕された議員は、その議院の要求があれば、会期中これを釈放しなければならない。

**第51条【議員の発言表決の無答責】**
両議院の議員は、議院で行つた演説、討論又は表決について、院外で責任を問はれない。

**第52条【常会】**
国会の常会は、毎年一回これを召集する。

**第53条【臨時会】**
内閣は、国会の臨時会の召集を決定することができる。いづれかの議院の総議員の四分の一以上の要求があれば、内閣は、その召集を決定しなければならない。

**第54条【総選挙、特別会及び緊急集会】**

①衆議院が解散されたときは、解散の日から四十日以内に、衆議院議員の総選挙を行ひ、その選挙の日から三十日以内に、国会を召集しなければならない。
②衆議院が解散されたときは、参議院は、同時に閉会となる。但し、内閣は、国に緊急の必要があるときは、参議院の緊急集会を求めることができる。
③前項但書の緊急集会において採られた措置は、臨時のものであつて、次の国会開会の後十日以内に、衆議院の同意がない場合には、その効力を失ふ。

**第55条【資格争訟】**
両議院は、各々その議員の資格に関する争訟を裁判する。但し、議員の議席を失はせるには、出席議員の三分の二以上の多数による議決を必要とする。

**第56条【議事の定足数と過半数議決】**
①両議院は、各々その総議員の三分の一以上の出席がなければ、議事を開き議決することができない。
②両議院の議事は、この憲法に特別の定のある場合を除いては、出席議員の過半数でこれを決し、可否同数のときは、議長の決するところによる。

**第57条【会議の公開と会議録】**
①両議院の会議は、公開とする。但し、出席議員の三分の二以上の多数で議決したときは、秘密会を開くことができる。
②両議院は、各々その会議の記録を保存し、秘密会の記録の中で特に秘密を要すると認められるもの以外は、これを公表し、且つ一般に頒布しなければならない。
③出席議員の五分の一以上の要求があれば、各議員の表決は、これを会議録に記載しなければならない。

**第58条【役員の選任及び議院の自律権】**
①両議院は、各々その議長その他の役員を選任する。
②両議院は、各々その会議その他の手続及び内部の規律に関する規則を定め、又、院内の秩序をみだした議員を懲罰することができる。但し、議員を除名するには、出席議員の三分の二以上の多数による議決を必要とする。

**第59条【法律の成立】**
①法律案は、この憲法に特別の定のある場合を除いては、両議院で可決したとき法律となる。
②衆議院で可決し、参議院でこれと異なつた議決をした法律案は、衆議院で出席議員の三分の二以上の多数で再び可決したときは、法律となる。
③前項の規定は、法律の定めるところにより、衆議院が、両議院の協議会を開くことを求めることを妨げない。
④参議院が、衆議院の可決した法律案を受け取つた後、国会休会中の期間を除いて六十日以内に、議決しないときは、衆議院は、参議院がその法律案を否決したものとみなすことができる。

**第60条【衆議院の予算先議権及び予算の議決】**
①予算は、さきに衆議院に提出しなければならない。
②予算について、参議院で衆議院と異なつた議決をした場合に、法律の定めるところにより、両議院の協議会を開いても意見が一致しないとき、又は参議院が、衆議院の可決した予算を受け取つた後、国会休会中の期間を除いて三十日以内に、議決しないときは、衆議院の議決を国会の議決とする。
**第61条【条約締結の承認】**
条約の締結に必要な国会の承認については、前条第二項の規定を準用する。
**第62条【議院の国政調査権】**
両議院は、各々国政に関する調査を行ひ、これに関して、証人の出頭及び証言並びに記録の提出を要求することができる。
**第63条【国務大臣の出席】**
内閣総理大臣その他の国務大臣は、両議院の一に議席を有すると有しないとにかかはらず、何時でも議案について発言するため議院に出席することができる。又、答弁又は説明のため出席を求められたときは、出席しなければならない。
**第64条【弾劾裁判所】**
①国会は、罷免の訴追を受けた裁判官を裁判するため、両議院の議員で組織する弾劾裁判所を設ける。
②弾劾に関する事項は、法律でこれを定める。

## 第5章　内閣

**第65条【行政権の帰属】**
行政権は、内閣に属する。
**第66条【内閣の組織と責任】**
①内閣は、法律の定めるところにより、その首長たる内閣総理大臣及びその他の国務大臣でこれを組織する。
②内閣総理大臣その他の国務大臣は、文民でなければならない。
③内閣は、行政権の行使について、国会に対し連帯して責任を負ふ。
**第67条【内閣総理大臣の指名】**
①内閣総理大臣は、国会議員の中から国会の議決で、これを指名する。この指名は、他のすべての案件に先だつて、これを行ふ。
②衆議院と参議院とが異なつた指名の議決をした場合に、法律の定めるところにより、両議院の協議会を開いても意見が一致しないとき、又は衆議院が指名の議決をした後、国会休会中の期間を除いて十日以内に、参議院が、指名の議決をしないときは、衆議院の議決を国会の議決とする。
**第68条【国務大臣の任免】**
①内閣総理大臣は、国務大臣を任命する。但し、その

過半数は、国会議員の中から選ばれなければならない。
②内閣総理大臣は、任意に国務大臣を罷免することができる。

**第69条【不信任決議と解散又は総辞職】**
内閣は、衆議院で不信任の決議案を可決し、又は信任の決議案を否決したときは、十日以内に衆議院が解散されない限り、総辞職をしなければならない。

**第70条【内閣総理大臣の欠缺又は総選挙施行による総辞職】**
内閣総理大臣が欠けたとき、又は衆議院議員総選挙の後に初めて国会の召集があつたときは、内閣は、総辞職をしなければならない。

**第71条【総辞職後の職務続行】**
前二条の場合には、内閣は、あらたに内閣総理大臣が任命されるまで引き続きその職務を行ふ。

**第72条【内閣総理大臣の職務権限】**
内閣総理大臣は、内閣を代表して議案を国会に提出し、一般国務及び外交関係について国会に報告し、並びに行政各部を指揮監督する。

**第73条【内閣の職務権限】**
内閣は、他の一般行政事務の外、左の事務を行ふ。
一　法律を誠実に執行し、国務を総理すること。
二　外交関係を処理すること。
三　条約を締結すること。但し、事前に、時宜によつては事後に、国会の承認を経ることを必要とする。
四　法律の定める基準に従ひ、官吏に関する事務を掌理すること。
五　予算を作成して国会に提出すること。
六　この憲法及び法律の規定を実施するために、政令を制定すること。但し、政令には、特にその法律の委任がある場合を除いては、罰則を設けることができない。
七　大赦、特赦、減刑、刑の執行の免除及び復権を決定すること。

**第74条【法律及び政令への署名と連署】**
法律及び政令には、すべて主任の国務大臣が署名し、内閣総理大臣が連署することを必要とする。

**第75条【国務大臣訴追の制約】**
国務大臣は、その在任中、内閣総理大臣の同意がなければ、訴追されない。但し、これがため、訴追の権利は、害されない。

## 第6章　司法

**第76条【司法権の機関と裁判官の職務上の独立】**
①すべて司法権は、最高裁判所及び法律の定めるところにより設置する下級裁判所に属する。
②特別裁判所は、これを設置することができない。行政機関は、終審として裁判を行ふことができない。

③すべて裁判官は、その良心に従ひ独立してその職権を行ひ、この憲法及び法律にのみ拘束される。

**第77条【最高裁判所の規則制定権】**

①最高裁判所は、訴訟に関する手続、弁護士、裁判所の内部規律及び司法事務処理に関する事項について、規則を定める権限を有する。

②検察官は、最高裁判所の定める規則に従はなければならない。

③最高裁判所は、下級裁判所に関する規則を定める権限を、下級裁判所に委任することができる。

**第78条【裁判官の身分の保障】**

裁判官は、裁判により、心身の故障のために職務を執ることができないと決定された場合を除いては、公の弾劾によらなければ罷免されない。裁判官の懲戒処分は、行政機関がこれを行ふことはできない。

**第79条【最高裁判所の構成及び裁判官任命の国民審査】**

①最高裁判所は、その長たる裁判官及び法律の定める員数のその他の裁判官でこれを構成し、その長たる裁判官以外の裁判官は、内閣でこれを任命する。

②最高裁判所の裁判官の任命は、その任命後初めて行はれる衆議院議員総選挙の際国民の審査に付し、その後十年を経過した後初めて行はれる衆議院議員総選挙の際更に審査に付し、その後も同様とする。

③前項の場合において、投票者の多数が裁判官の罷免を可とするときは、その裁判官は、罷免される。

④審査に関する事項は、法律でこれを定める。

⑤最高裁判所の裁判官は、法律の定める年齢に達した時に退官する。

⑥最高裁判所の裁判官は、すべて定期に相当額の報酬を受ける。この報酬は、在任中、これを減額することができない。

**第80条【下級裁判所の裁判官】**

①下級裁判所の裁判官は、最高裁判所の指名した者の名簿によつて、内閣でこれを任命する。その裁判官は、任期を十年とし、再任されることができる。但し、法律の定める年齢に達した時には退官する。

②下級裁判所の裁判官は、すべて定期に相当額の報酬を受ける。この報酬は、在任中、これを減額することができない。

**第81条【最高裁判所の法令審査権】**

最高裁判所は、一切の法律、命令、規則又は処分が憲法に適合するかしないかを決定する権限を有する終審裁判所である。

**第82条【対審及び判決の公開】**

①裁判の対審及び判決は、公開法廷でこれを行ふ。

②裁判所が、裁判官の全員一致で、公の秩序又は善良の風俗を害する虞があると決した場合には、対審は、公開しないでこれを行ふことができる。但し、政治犯

罪、出版に関する犯罪又はこの憲法第三章で保障する国民の権利が問題となつてゐる事件の対審は、常にこれを公開しなければならない。

## 第7章　財政

**第83条【財政処理の要件】**
国の財政を処理する権限は、国会の議決に基いて、これを行使しなければならない。

**第84条【課税の要件】**
あらたに租税を課し、又は現行の租税を変更するには、法律又は法律の定める条件によることを必要とする。

**第85条【国費支出及び債務負担の要件】**
国費を支出し、又は国が債務を負担するには、国会の議決に基くことを必要とする。

**第86条【予算の作成】**
内閣は、毎会計年度の予算を作成し、国会に提出して、その審議を受け議決を経なければならない。

**第87条【予備費】**
①予見し難い予算の不足に充てるため、国会の議決に基いて予備費を設け、内閣の責任でこれを支出することができる。
②すべて予備費の支出については、内閣は、事後に国会の承諾を得なければならない。

**第88条【皇室財産及び皇室費用】**
すべて皇室財産は、国に属する。すべて皇室の費用は、予算に計上して国会の議決を経なければならない。

**第89条【公の財産の用途制限】**
公金その他の公の財産は、宗教上の組織若しくは団体の使用、便益若しくは維持のため、又は公の支配に属しない慈善、教育若しくは博愛の事業に対し、これを支出し、又はその利用に供してはならない。

**第90条【会計検査】**
①国の収入支出の決算は、すべて毎年会計検査院がこれを検査し、内閣は、次の年度に、その検査報告とともに、これを国会に提出しなければならない。
②会計検査院の組織及び権限は、法律でこれを定める。

**第91条【財政状況の報告】**
内閣は、国会及び国民に対し、定期に、少くとも毎年一回、国の財政状況について報告しなければならない。

## 第8章　地方自治

**第92条【地方自治の本旨の確保】**
地方公共団体の組織及び運営に関する事項は、地方自治の本旨に基いて、法律でこれを定める。

**第93条【地方公共団体の機関】**
①地方公共団体には、法律の定めるところにより、その議事機関として議会を設置する。
②地方公共団体の長、その議会の議員及び法律の定め

るその他の吏員は、その地方公共団体の住民が、直接これを選挙する。

**第94条【地方公共団体の権能】**
地方公共団体は、その財産を管理し、事務を処理し、及び行政を執行する権能を有し、法律の範囲内で条例を制定することができる。

**第95条【一の地方公共団体のみに適用される特別法】**
一の地方公共団体のみに適用される特別法は、法律の定めるところにより、その地方公共団体の住民の投票においてその過半数の同意を得なければ、国会は、これを制定することができない。

## 第9章　改正

**第96条【憲法改正の発議、国民投票及び公布】**
①この憲法の改正は、各議院の総議員の三分の二以上の賛成で、国会が、これを発議し、国民に提案してその承認を経なければならない。この承認には、特別の国民投票又は国会の定める選挙の際行はれる投票において、その過半数の賛成を必要とする。
②憲法改正について前項の承認を経たときは、天皇は、国民の名で、この憲法と一体を成すものとして、直ちにこれを公布する。

## 第10章　最高法規

**第97条【基本的人権の由来特質】**
この憲法が日本国民に保障する基本的人権は、人類の多年にわたる自由獲得の努力の成果であつて、これらの権利は、過去幾多の試錬に堪へ、現在及び将来の国民に対し、侵すことのできない永久の権利として信託されたものである。

**第98条【憲法の最高性と条約及び国際法規の遵守】**
①この憲法は、国の最高法規であつて、その条規に反する法律、命令、詔勅及び国務に関するその他の行為の全部又は一部は、その効力を有しない。
②日本国が締結した条約及び確立された国際法規は、これを誠実に遵守することを必要とする。

**第99条【憲法尊重擁護の義務】**
天皇又は摂政及び国務大臣、国会議員、裁判官その他の公務員は、この憲法を尊重し擁護する義務を負ふ。

## 第11章　補則

**第100条【施行期日と施行前の準備行為】**
①この憲法は、公布の日から起算して六箇月を経過した日〔昭二二・五・三〕から、これを施行する。
②この憲法を施行するために必要な法律の制定、参議院議員の選挙及び国会召集の手続並びにこの憲法を施

行するために必要な準備手続は、前項の期日よりも前に、これを行ふことができる。

**第101条【参議院成立前の国会】**
この憲法施行の際、参議院がまだ成立してゐないときは、その成立するまでの間、衆議院は、国会としての権限を行ふ。

**第102条【参議院議員の任期の経過的特例】**
この憲法による第一期の参議院議員のうち、その半数の者の任期は、これを三年とする。その議員は、法律の定めるところにより、これを定める。

**第103条【公務員の地位に関する経過規定】**
この憲法施行の際現に在職する国務大臣、衆議院議員及び裁判官並びにその他の公務員で、その地位に相応する地位がこの憲法で認められてゐる者は、法律で特別の定をした場合を除いては、この憲法施行のため、当然にはその地位を失ふことはない。但し、この憲法によつて、後任者が選挙又は任命されたときは、当然その地位を失ふ。

※各条の見出しは『現行法規総覧』による。

## 主要な参考文献


**日本国憲法の誕生（増補改訂版）**／古関彰一（岩波文庫）
**日本国憲法を生んだ密室の九日間**／鈴木明典（創元社）
**昭和天皇実録　第九**／宮内庁編（東京書籍）
**日本国憲法はこうして生まれた**／河村俊夫（本の泉社）
**図説　日本国憲法の誕生**／西修（河出書房新社）
**マッカーサー回想記**／ダグラス・マッカーサー（朝日新聞社）
**マッカーサーの二千日**／袖井林二郎（中央公論社）
**憲法第九条**／有斐閣編（有斐閣）
**日本国憲法誕生記**／佐藤達夫（中公文庫）
**日本国憲法誕生**／NHK（NHKエンタプライズ〈DVD〉）
**昭和天皇・マッカーサー会見**／豊下楢彦（岩波現代文庫）
**9条入門**／加藤典洋（創元社）
**日本国憲法制定の過程 1、2**／高柳賢三、大友一郎、田中英夫（有斐閣）
**日本はなぜ、「基地」と「原発」を止められないのか**／矢部宏治（講談社α文庫）
**占領秘録 上、下**／住友利男（毎日新聞社）
**1945年のクリスマス**／ベアテ・シロタ・ゴードン（柏書房）
**日本国憲法攻防史**／河村俊夫（学習の友社）
**学習漫画「日本の歴史」第18巻**／集英社
**日本国憲法は押しつけられたのか？**／柴山敏雄（学習の友社）
**写説　占領下の日本**／近現代史編纂会（ビジネス社）
**にっぽんの60年前**／毎日新聞社
**一億人の昭和史 第4、5巻**／毎日新聞社
**想い出の東京**／諸岡宏次（講談社）
**「昭和天皇実録」の謎を解く**／半藤、保阪、御厨、磯田（文藝春秋）

## 著者プロフィール

### 作・やまさき拓味（やまさき ひろみ）

1949年　和歌山県新宮市生まれ。
1968年　新宮商業高校卒業。
1968年　劇画集団「さいとうプロダクション」入社。
1972年　仲間4人で「オリオンプロモーション」設立。
1974年　小池一夫率いる「スタジオシップ」と合併。
1989年　「バディプロダクション」設立、現在に至る。
デビューは1972年双葉社「マンガストーリー」誌の「鬼輪番」（作・小池一夫）

主な作品
「英雄失格」（作・梶原一騎）（少年サンデー・小学館）
「青春動物園ズウ」（作・小池一夫）（少年サンデー・小学館）
「ラブZ」（作・小池一夫）（少年サンデー・小学館）
「バディ」（ベアーズクラブ・集英社）
「優駿たちの蹄跡」（ビジネスジャンプ・集英社）
「優駿の門シリーズ」（少年チャンピオン・秋田書店）
「プロカウンセラーの共感の技術」（作・杉原保史）（創元社）
「用心棒稼業」（コミック乱ツインズ・リイド社）
他多数

### 画・早川恵子（はやかわけいこ）

静岡県で2月に生まれる。育ちは各地色々。
川崎の市立高校を卒業後「バディプロダクション」入社。
趣味はバレーボール、ゴルフ観戦、旅。

主な作品
「家庭救助犬リーチ」（プレイコミック・秋田書店）
「優駿の門　アスミ」（プレイコミック・秋田書店）
大人のぬり絵「しばじろう草枕」（愛育社）
学習まんが「日本の歴史」（4,5巻）（集英社）
「プロカウンセラーの聞く技術」（作・東山紘久）（創元社）

### 作画スタッフ

バディプロダクション
トマス中田　井内貴之

マンガで読《よ》み解《と》く
そして日本国憲法《にほんこくけんぽう》は作《つく》られた

2019年9月30日　第1版第1刷 発行

作　やまさき拓味 ©Hiromi Yamasaki
画　早川恵子 ©Keiko Hayakawa
発行者　矢部敬一
発行所　株式会社　創元社
https://www.sogensha.co.jp/
本　社　〒541-0047 大阪市中央区淡路町4-3-6
TEL.06-6231-9010(代)　FAX.06-6233-3111
東京支店　〒101-0051 東京都千代田区神田神保町1-2 田辺ビル
TEL.03-6811-0662
装　丁　佐藤雄喜
編　集　大竹力三
印　刷　図書印刷株式会社
製　版　有限会社　双葉写植


Printed in Japan
ISBN978-4-422-30074-0 C0336

●「戦後再発見」双書　好評既刊

戦後史の正体　1945-2012　孫崎享《まごさきうける》 著

本当は憲法より大切な「日米地位協定入門」　前泊博盛《まえどまりひろもり》 編著

検証・法治国家崩壊——砂川裁判と日米密約交渉　吉田敏浩《よしだとしひろ》、新原昭治《にいはらしょうじ》、末浪靖司《すえなみやすし》 著

核の戦後史——Q&Aで学ぶ原爆・原発・被ばくの真実　木村朗《きむらあきら》、高橋博子《たかはしひろこ》 著

「日米合同委員会」の研究——謎の権力構造の正体に迫る　吉田敏浩《よしだとしひろ》 著

「日米指揮権密約」の研究——自衛隊はなぜ、海外へ派兵されるのか　末浪靖司《すえなみやすし》 著

朝鮮戦争は、なぜ終わらないのか　五味洋治《ごみようじ》 著

9条入門　加藤典洋《かとうのりひろ》 著

●「戦後再発見」双書　資料編

占領期年表　1945-1952年——沖縄・憲法・日米安保　明田川融《あけたがわとおる》 監修